"SANBEN" NONGYE SUYUAN YU CHANYE CHUANGXIN
——CHONGQING SHANDI NONGYE

# "三本"农业溯源与产业创新

## ——重庆山地农业

崔晋波 俞宏军 查 茜 主编

中国农业出版社
北京

# 编 者 名 单

主　　编：崔晋波　俞宏军　查　茜

副 主 编：罗章涛　张先锋　李　波　孔祖凤

编　　委：古愉川　汪政希　杨森媚　周雨涵

　　　　　王　茜　曹中华　冯　伟　谭明天

　　　　　韦　敏　王克晓　吴　园　罗朝聪

编制单位：重庆市农业科学院

　　　　　农业农村部工程建设服务中心

　　历史和现实都告诉我们，农为邦本，本固邦宁。当前世界面临百年未有之大变局，必须稳住农业基本盘、守好"三农"基础，更好发挥"压舱石"作用，全面推进乡村振兴。习近平总书记在2022年底召开的中央农村工作会议上强调，产业振兴是乡村振兴的重中之重，要落实产业帮扶政策，做好"土特产"文章。研究好"土"字，就要求我们找到农业发展的源头活水，即探索农业的"本地品种""本地养（种）法""本地吃法"。

　　本书立足"三本"农业，深度挖掘自然历史环境下孕育出的本地品种，结合环境种养循环的本地生产方式及承载当地人文的特色吃法，是一方水土养一方人、一方水土产一方物的现实探索。同时，重庆山地农业溯源的实践案例，可作为我国其他地区"三本"农业发展的经验借鉴。结合时代创新发展趋势，发展"三本"农业坚持了科技发展的"四个面向"，利用现代生物技术振兴了本地品种，通过"智慧＋金融"赋能了本地种法养法，由"文创＋农旅"融合引领了本地吃法，形成了绿色低碳、生态平衡、现代高效的可持续农业生产模式。

　　"三本"农业通过对本地传统特色农业"塑形"和"铸魂"，促进了从田间地头到百姓餐桌的高效衔接。一方面，创新发展的同时，坚持用"大历史观"来看待农业。"三本"农业和中华民族五千多年传统在价值观等方面具有天然契合性，是对农业文明的溯源和中华文化在当今的传承。另一方面，坚决落实"大食物观"，提升农产品品质，满足人民对美好生活的向往。"三本"农业是农业现代化进程中以特色产业发展推动乡村振兴的进一步实践，是建设农业强国的必由之路，更是建设社会主义现代化国家的坚实基础。

编　者

2024 年 6 月

## 目　录
CONTENTS

前言

# 第一章

## 绪　　论　⓵

## 第一节　"三本"农业的定义与内涵

"三本"，即本地品种、本地养（种）法、本地吃法的简称。"三本"农业主要围绕农产品从田间到餐桌全产业链的关键环节提出。本地品种指"大食物观"下中国历史环境长期选育的品种，本地养（种）法指维持生态平衡与生物循环的因地制宜的方法，本地吃法指当地风俗习惯与历史文化的产物，三者相结合，从而形成了本地地理气候、自然环境、生态文化彼此联结的有机整体。

### 一、本地品种——历史的选育

品种指物种内具有共同来源和特有性状，经过长期演变和选育，遗传性稳定，且具有同一共性的物种。本地品种，即在一定地域范围内，具有较长历史，被当地农民普遍种植或养殖的一些品种。这些本地品种长期适应当地环境，并表现出优越的生产性能，因具有特别口感和特殊风味被当地人所喜爱，通常被视为珍贵资源；目前，本地品种越来越被

1

人们重视，不少品种已受到相关法律和政策的保护。这些本地品种还扮演着重要的生态和文化角色，对当地的环境、社会和经济发展具有积极影响。

达尔文在《物种起源》中用大量资料证明了形形色色的物种并不是上帝创造的，而是在遗传、变异、生存斗争和自然选择中形成的，由简单到复杂，由低等到高等，不断发展变化。弱肉强食、繁殖演化、适应环境的自然选择是品种发展中最为重要的因素之一。在自然界中，只有那些适应自然人文环境的物种才能够生存下来，自然和社会环境会不断塑造和选择优秀品种。

人类的选育是品种发展的另一个重要因素。农业文明兴起后的早期，距今 4 000～1 000 年前，我们的祖先就尝试对多种动物进行驯化，先后驯化了马、牛、羊、猪、狗、鸡等动物，还有一些分布于局限区域的大型动物。被驯化的野生动物必须满足：能为人类提供足够的食物或其他价值，生长速度快，繁殖周期短，性情温顺，不易受惊，能在驯养条件下交配繁殖等。例如，马的祖先在人类的选育中不断适应而演化成了现代的马。

本地品种一般都是通过长期的自然选择或人工选育所形成的适应当地环境条件的品种，有与其生理特征、品种性状相适应的种植范围和耕作栽培条件。同时，本地品种也具有 3 个基本特性：特异性、一致性和稳定性。特异性，指具有一个或多个不同于其他品种的形态、生理等特征；一致性，指同品种内植株的形态学性状、经济性状上表现相对整齐一致；稳定性，指繁殖或再组成该品种时，可保持有各种抗性基因，且品种的特异性和一致性能保持不变，是育种的宝贵材料。

重庆市位于四川盆地，属中亚热带湿润季风气候，具有鲜明独特的"山地""山水"特征，是一座有着 3 000 多年历史的文化名城，是巴渝文化的发祥地。受地形立体、气候湿热的自然环境和热情、爽直、坚韧等巴渝文化影响，形成了特有的本地品种，滋养着川渝人。据第三次全国农作物种质资源普查与收集数据显示，重庆市拥有农作物种质资源 2 700 余份，获得资源性状总量 80 012 个，冷冻保存畜禽遗传材料达 15 000 余份。其中，保存柑橘种质资源超过 1 700 份，位居全国第一、世界第二；荣昌猪、大足黑山羊、城口山地鸡、耐热优质杂交水稻、优质糯玉米、超高含油量油菜、晚熟柑橘、榨菜、脆李等品种在全国具有明显优势。

## 二、本地养（种）法——环境的选择

本地养（种）法，是指从无形发展需求的结构出发，依据特定区域的生态和人文环境，结合种植技术要素和时代农艺发展水平，调整建立科学化的管理形式思路，以最大限度保证产品水平和性能。其关键点是农艺水平的调控与提升。对于不同农作物种植或畜禽养殖，需要充分了解其生产要素，掌控现代农业发展的技术标准，并根据生长特性与地域环境可将种养结合、相辅相成，形成种养循环的绿色生态农业，提升农业整体价值的融合与应用。

从战国时代开始，我国就重视农作物的种法——深耕细作，提倡"深耕、疾耰、易耨"。我国在农业耕作上一直遵循"因地制宜，因时制宜，因物制宜"的原则种养结合、精耕细作，耕作方法灵活机动，以适应各地多变的自然条件。魏晋北朝时期，北方旱地种植"耕、耙、糖、压、锄"相结合，以防旱保墒为目的的耕作技术体系趋于成熟。宋元时期，南方水田种植"耕、耙、耖、耘、耥"相结合的耕作技术也已成熟；随着稻麦两熟制的发展，为解决水旱轮作、麦作怕涝渍的问题，采取作垯开沟、沟沟相通的整地排水技术。

我国大地幅员辽阔，气候、地貌、水文等因素造成各地农业业态各不相同。西北巴蜀川渝最不缺的就是山，山地丘陵面积占比高达98%。山地纵横决定了巴蜀川渝气候的多变，冬暖春早、夏热秋凉，朝云暮雨、多雾少霜；常常是转过一座山，阴晴冷暖就大不一样，从而形成了特殊的山地本地养（种）法。基于山地特性的丘陵山地立体农业就是典型山地本地种法。由于山地面积广大，耕地较少，地形变化大，气候垂直变化明显；人们为充分利用这种"立体气候"资源进行农、林、牧、副、渔的合理布局，形成丘陵山地立体农业，提升土地资源利用效率。重庆市酉阳县近日发布了区域公用品牌"酉阳800"，其旨在用好酉阳县平均海拔800米带来的生态价值和资源优势；在海拔800米以上地区开发

3

高山生态优质农产品,结合当地的水土、气候等特征,构建品牌本地标准化种植体系,重点打造适宜酉阳海拔的茶油品牌,布局标准化基地建设试点,推进品牌产品产业化、标准化生产,提升区域农产品价值。重庆市合川区二郎镇也利用山地特性推行本地种养结合的生态模式。在二郎镇半月村的山头上建设猪场,将养殖排放物处理加工成有机肥用于山间的柑橘基地施肥;柑橘基地间种黑麦草、大豆等作物,两种作物和谐生长,其中黑麦草可加工为饲料喂养生猪;通过"生态养殖+高效种植"生态种养循环模式,实现"种植、养殖"并举、"经济、生态"双赢,促成循环经济高效化,促进农村资源循环利用和现代农业持续发展。

## 三、本地吃法——文化的传承

本地吃法,即按照当地习惯、习俗、传承,对农产品进行加工、保存和食用的方法。本地吃法通常反映了地方文化、气候环境、食材品种和历史传承,包括食材选择、烹饪技巧、用餐仪式和社交互动;常常是代代相传的,承载了丰富的文化传统和历史价值,是一种文化标志。

中华文明历经五千载,农产品的吃法亦随着时代、地域、意识形态的变化,呈现出极大特点。其一,风味多样。我国一直就有"南米北面"的说法,口味上有"南甜、北咸、东酸、西辣"之分,主要是巴蜀、齐鲁、淮扬、粤闽四大风味,特别是巴蜀川渝菜系,因其麻辣鲜香和实惠,普及全国,风靡全球。其二,四季有别。中国人善于根据四季变化搭配食物,夏天多吃清淡爽口食物,冬天多吃味醇浓厚食物。其三,讲究美感。中国人吃食物不仅讲求味,还讲究欣赏之美,无论是一个红萝卜,还是一个白菜心,都可以雕出各种造型;还讲究食材、食具,以及环境的搭配与和谐。其四,注重情趣。中国人喜欢给食物取一些富有诗意的名字,如"炝凤尾""蚂蚁上树""狮子头""叫花鸡"等。其五,中和为最。《古文尚书·说命》中就有"若作和羹,尔惟盐梅"的名句,意思是要做好羹汤的关键是调和好咸(盐)酸(梅)二味。中和之美是中国传统文化最高的审美理想。

殷代末年，武王伐纣，巴人的军队被指派为前锋。牧野之战，巴人军队立下汗马功劳，于是周武王封巴氏为子国，巴族便成了行政意义上的周朝子国；重庆土地上第一次有了"国家"的概念，也是重庆文明的开始，巴渝文化由此孕育。历史上，巴人"尚勇武""喜歌舞""善工商"。巴人英勇善战，多次参加历史上的重要战争但并不好战，其勇武精神主要用于反苛政、反暴政、助力国家统一；巴人及其后裔能歌善舞，巴渝舞和"巴讴"是巴文化的重要组成部分，其中巴渝舞还属武舞。此外，重庆市工商文化发达，自古是"商贾争占之埠"；明清时期商帮会聚，码头、驿站贸易繁盛，也为重庆人注入了一丝江湖豪情。在这片土地上刻画的巴渝文化有着独特丰富的人文内涵，巴山渝水塑造了敦厚直率的风土人情，巴人辗转迁徙的曲折历史造就了忠诚劲勇的品格，巴人多元族群的组成结构涵养了开放包容的气度和喜热闹聚会的性格。因此，有人评价重庆人爽直中带有几分鲁莽，热情中夹杂几分狡黠，好打抱不平，好热闹。坚韧顽强、开放包容、豪爽耿直的重庆人结合当地的农产品和文化，创造出一些家喻户晓的本地吃法，最具特色的是渝派川菜、川渝茶文化及重庆火锅。重庆早期因工商业发达，码头驿站人口与物资流动频繁。重庆火锅便是重庆码头文化之下诞生的本地吃法典例。据说，火锅起源于明末清初的嘉陵江畔、朝天门等码头。一方面，船工纤夫粗放的餐饮方式，他们将捕获的鱼切成薄片加入各种菜，又添以海椒、花椒祛湿，此种做法简单美味；另一方面，位于长江和嘉陵江交汇处的重庆属于商贸重镇，码头工人、船夫和商人在繁忙之余喜欢聚集一起品尝美食、享受热闹的氛围，他们将各种食材放入锅中煮熟，方便聚集品尝。随着岁月的推移和演变，重庆火锅逐渐风靡全国、名扬四方，遍布全国甚至世界。目前，拥有中国驰名商标和著名商标的火锅企业10家，年营业额超亿元的火锅企业有17家，先后进入全国餐饮百强企业14家。火锅饮食方式不需要注重过多餐桌礼仪，什么食材都可以涮，正如重庆豪爽、包容的文化，呈现出一派热闹温暖、欢声笑语、豪爽耿直与淋漓酣畅相融之场景和心理感受，更是营造出一种"同心、同聚、同享、同乐"的文化氛围。火锅已成为当今亲朋好友聚会的热门选择。

# 第二节 "三本"农业的现实意义

"三本"农业的根本是做好"土特产"这篇大文章,满足美好生活的向往,建设和美乡村。"百里不同风,十里不同俗。"我国幅员辽阔,各地不同的气候、地形、土壤等自然资源禀赋孕育出千姿百态、风味各异的土特产。总体来讲,"土特产"是指来源于特定区域、已有一定知名度的农特产品或加工产品,主要包括特色种植产品、特色养殖产品、特色食品、特色手工等。习近平总书记指出,各地推动产业振兴,要把"土特产"这3个字琢磨透。"土"讲的是基于一方水土的自然生态环境和社会经济环境;"特"讲的是地域特点,体现当地风俗和文化;"产"讲的是以养种结合的方式进行生产,形成循环生态、可持续发展模式。这为促进乡村特色产业提质增效、推进乡村产业振兴指明了方向。

## 一、基于一方水土,溯清山地乡土资源

做好"土特产"文章,根在水土,挖掘本地品种。一方水土养一方人,一方水土产一方物。作为社会发展的地理空间和物质载体,"山水林田湖草沙"既是对我国多样化生态系统的表述,也是对我国多样化农业生产系统的概括。从东北平原、华北平原到江汉平原,从黄土高原、云贵高原到四川盆地,从黑土地、黄土地到红土地,从水田、旱田到山地,不同的气候、土壤、水源形成了独特的自然资源和农业资源。中国广袤大地上不同的气候、地形、土壤、水流等形成了独特的自然资源。"橘生淮南则为橘,生于淮北则为枳。"农产品受产地气候和土壤特殊地理因素的影响,不同产地出产的农产品品质都不一样;同时,各地历史文化的演变、社会生活的交织,造就了不同的人文特色与社会经济;从而,形成了各地差异化的农业生产条件。农耕文明传承千年,多民族交融发展,产生了大量的非物质文化遗产,孕育出无数"独甲一方"的特色产品。每一方水土都有自己独特的物产,这是特色农业的自然之根,要把这个"根"留住、扎

牢。这些乡土资源，与当地的地域特色自然景观、文物古迹、地名沿革、历史变迁、社会发展、民间艺术、民俗风情、名人逸事、语言文化等紧密关联、相互影响。溯清乡土资源，开展区域乡土资源的清查与收集，及时掌握区域乡村资源的特征特性、发展状况和发展进程，对保护乡土资源的多样性、维护农业可持续发展的生态资源环境具有重要意义。

全国农作物种质资源普查与收集工作是溯清乡土资源的生动实践。农业种质资源是保障国家粮食安全和重要农产品有效供给的战略性资源。种子是农业的"芯片"，种质资源是种子的"晶元"，是农业科技原始创新与现代种业发展的物质基础。随着工业化城镇化进程加快、气候环境变化及农业种养方式的转变，地方品种消失风险加剧，群体数量和区域分布发生很大变化，野生近缘植物资源急剧减少。一旦某地方品种消失灭绝，其蕴含的优异基因、承载的传统农耕文化也将随之消亡，生物多样性也将受到影响，损失难以估量。自新中国成立以来，农作物品种历经7~9次更新换代。2021年，农业农村部印发了《关于开展全国农业种质资源普查的通知》，计划利用3年时间全面完成农作物、畜禽和水产种质资源普查，摸清全国种质资源种类、数量、分布、主要性状等家底，明晰演变趋势。该次普查，是自新中国成立以来规模最大、覆盖范围最广、技术要求最高、参与人员最多的一次普查；预期成果概括起来直接体现为"321"，即发布三份报告、保护两类资源、建立一个大数据平台。全面普查作物种质资源，抢救性收集和保护珍稀、濒危作物野生种质资源和特色地方品种，很大程度上有效保护了古老作物、珍稀作物、特有作物、名优作物地方品种和野生近缘品种的数量及其多样性，对确保粮食安全意义重大。

## 二、突出地域特点，体现山地农业风情

土特产之"特"，在于自成一格，既有因地制宜的发展要求，也有创新引领的路径选择。放大"特"的优势，就是要突出差异，找准最能体现地域特点、当地民俗文化、特色风情的产品和产业。同时，还要找准优势，做到人无我有，在品种上追求"错峰头"；人有我优，在品质上追求"独一份"；人优我精，在品牌上追求"擦得亮"，把独具特色变为乡村特

色产业链发展的着力点。

我国地大物博，各区域农业资源禀赋、地理环境、人文环境差异较大，发展优势各不相同，利用好当地风俗、风情、风味，挖掘其文化内涵、生态价值和社会价值，突出农产品的"特色"，并进行延伸和提升，有助于挖掘农产品蕴含的文化内涵，传播其特有的地方文化风情。文化价值的形成和发展是该区域在长期的农业生产、产品制造和销售过程中不断挖掘、创新并经代代相传的结果，代表着该地区独特的文化优势，是发展特色农业产业的文化宝藏。弘扬我国地方优秀的农耕文化，不仅是对大自然馈赠的感激，更是对地域特色文化的传承和发扬，也是乡村振兴中文化振兴的应有之义。乡村振兴靠产业，产业发展靠特色。挖掘特色资源，传承非物质文化遗产，对深入推进乡村全面振兴、激发乡村发展活力具有深远意义。

地理标志农产品是地方农业风情的典型代表，地理标志农产品来源于特定地域，产品品质和相关特征主要取决于自然生态环境和历史人文因素，并以地域名称冠名的特有农产品标志。地理标志农产品一般是随习惯风俗流传下来，赋有当地人文内涵，承载着当地历史文化，和人们有较强的情感链接。地理标志农产品主要包括两种：一是来自当地的种植产品、养殖产品；二是产品的原材料全部来自当地或仅部分来自其他地区，并在当地按照特定工艺生产和加工的产品。根据《农产品地理标志管理办法》的规定，农业农村部负责全国农产品地理标志的登记工作。省级人民政府农业行政主管部门负责本行政区域内农产品地理标志登记申请的受理和初审工作。农业农村部设立的农产品地理标志登记专家评审委员会负责专家评审，农产品地理标志登记专家评审委员会由种植业、畜牧业、渔业和农产品质量安全等方面的专家组成。截至目前，重庆市已有地理标志农产品70个，如巫山脆李、武隆高山辣椒、南川大树茶、涪陵榨菜、酉阳春芽、江津花椒、奉节脐橙、城口老腊肉等。

申请地理标志是保护当地特色产业的有效手段，也是对非物质文化的保护与传承。一方面，拥有地理标志的产品，获得了一定的品质保证，在市场上更容易与消费者产生情感共鸣，获得消费者的信赖，如涪陵榨菜在获得地理标志后，在全国的市场占有率达70%以上。另一方面，地理标志产品也能带动地方经济发展，打造地方特色经济名片；使产品具有更高的经济价值和社会价值，增加产品竞争力；也有利于产品获得当地政府部门的政策扶持和机制奖励。

总之，挖掘农产品地方特色，有利于向外传播一方水土的特有魅力，重庆就是这样一个生动实例。山城重庆是近年来最火的网红城市之一。随着巴渝文化的传播，其特色产品自然也吸引了无数消费者的关注。重庆小面、重庆火锅底料、重庆酸辣粉、重庆沱茶、重庆麻花、重庆茶叶、重庆豆腐干、重庆巫溪万春村腊肉、重庆香脆椒等地标农产品成为重庆农产品对外展示的一张张特色名片，从而提高了产品附加值，大大提高了农民收益，推动了当地经济发展。

### 三、强化创新培育，形成山地特色产业集群

"产"是做好"土特产"文章的关键，核心是种养结合、优质高产高效；即将以往因地制宜、种养结合的生态可持续农业生产方式，用科技和金融的力量真正建成产业、形成集群。特色主导产业集群一旦形成，区域特色农业呈现出的整体性、动态性和多层次性特征，会给整个产业和区域带来巨大的竞争优势；这种竞争优势主要包括规模经济优势、交易成本优势、品牌溢价优势、技术创新优势，并且还有利于维护生物多样性和生态平衡。

将种植业与养殖业结合起来的农业生产模式通过相互配合、协同，可以实现资源的综合利用，延伸产业链，提高农产品品质，保护生物多样性与可持续发展。其结合方式主要有3种。一是农田放牧，即在农田中饲养家禽或从事水产养殖；可利用家禽的活动松土、除虫，它们的粪便又可以用作肥料；水产中的大闸蟹、鱼、虾等也能吃害虫、除杂草。二是温室大棚养殖，在畜禽场旁建设温室大棚进行蔬菜水果种植；畜禽粪便可以作为肥料，同时部分蔬菜可以作为畜禽饲料。三是草地养殖，草地上饲养家禽或放牧；能利用牲畜的活动控制杂草生长，并通过草地轮作休耕提高土壤质量。重庆多山丘、少平坝，但结合高标准农田建设同步开展的山地特色稻渔综合种养模式实现了基地集中连片，在万州、开州、梁平、荣昌等地

区建设了数十万亩规模的稻渔综合种养产业带，发挥了稻渔综合种养的规模效应和产业效应。"十四五"期间，重庆更是积极推行稻鱼种养产业发展，如今还衍生出"稻田养鳅""稻田养蟹""稻田养虾""稻田养鳖"等稻渔综合种养模式。大闸蟹、鱼、虾等能清杂草、吃害虫、改水质，稻田也能为它们提供安全的生长环境，两者之间相互促进生长，实现一水两用、一田双收。为了推广和发展稻渔综合种养这一绿色生态农业，需进一步强化种养技术、打造品牌，形成高质高效的产业；其次，是要做好一二三产业融合发展，提升"一产"，做优"二产"，拓展"三产"。重庆稻渔综合种养产业已初步形成了一些稻渔品牌，如潼南的"蟹田米"和"稻田虾"、武隆的"鳅田米"、万州的"稻鱼米"、忠县的"稻花鱼"等。

　　近年来，重庆以推动高质量发展为主题，以农业供给侧结构性改革为主线，聚焦现代山地特色高效农业和生态优先绿色低碳，强化种业提升、土壤改良、农机研发、农产品加工等关键领域技术攻关，加快构建完善从科技创新源头到推广应用全链条，塑造高端化、智能化、绿色化农业发展新优势，加快延链、补链、强链，推动农业从种养环节向加工、流通等二三产业延伸。重庆大力发展乡村特色产业。截至 2022 年 3 季度末，全市累计发展柑橘、榨菜、柠檬等优势特色产业 3 200 余万亩，创建 5 个优势特色产业集群、8 个国家级现代农业产业园、30 个国家级农业产业强镇、累计培育 7 个 100 亿级、8 个 50 亿级农产品加工示范园区。

## 第三节　重庆山地农业自然禀赋

　　中国多山，雄壮绵延的山地和葱郁秀丽的丘陵是大江大河的水源地或分水岭。山是大地的骨架，是不同地形地貌的缔造者和分界线，进而很大程度上造就了各地迥然有别的生产、生活方式。中国人乐山，对山的情感极重。山民靠山吃山，感恩于山的馈赠；山外的人，五岳寻仙不辞远，一生好入名山游，灶厨边有山珍，雅室常挂山水画。千百年来，山深刻影响着中国人的生活，它的分量称得上"重如泰山"。占我国国土总面积 2/3 的山区，主要分布于 19 个省（区、市）的 1 400 多个县（市、区），既是我国粮食和特色农产品的重要产地，又是相对贫困人口的集中地，还是现代城市人寄情于山水的旅行目的地。

重庆位于中国内陆西南部、长江上游地区，地跨东经 105°11′—110°11′、北纬 28°10′—32°13′ 的青藏高原与长江中下游平原的过渡地带；东邻湖北、湖南，南靠贵州，西接四川，北连陕西；辖区东西长 470 千米，南北宽 450 千米，辖区面积 8.24 万平方千米，为北京、天津、上海 3 个直辖市总面积的 2.39 倍；辖 38 个区县（26 区、8 县、4 自治县）；常住人口 3 213.3 万人、城镇化率 70.96%；人口以汉族为主，少数民族主要有土家族、苗族等。在重庆这片土地上有着由"山、水、林、田、湖、草、畜"等各种生物和非生物组成的生态系统，成分间相互作用、相互依存、密切联系、不断循环，为重庆山地农业发展提供优良自然条件，共同维持着生态系统的平衡和稳定，实现人与自然和谐共生。

## 一、"山"资源

重庆北有大巴山，东有巫山，东南有武陵山，南有大娄山。重庆主城区海拔多在 168~400 米，市内最高峰为巫溪县东部边缘的界梁山主峰阴条岭，海拔 2 796.8 米；最低处为巫山县长江水面，海拔 73.1 米。重庆海拔高差 2 723.7 米。境内山高谷深、沟壑纵横，山地面积占 76%、丘陵面积占 22%、河谷平坝面积仅占 2%。重庆西北部和中部以丘陵、低山为主，东南部靠大巴山和武陵山两座大山脉、坡地较多，有"山城"之称；总的地势是东南部、东北部高，中部和西部低，由南北向长江河谷逐级降低。

重庆市地貌结构复杂，呈现出四大特点。一是地势起伏大。东部、南部、东南部地势高，西部地势低；东部最高处为大巴山的川鄂岭，最低处为巫山长江水面。二是地貌类型多样。以山地为主，有中山、低山、高丘陵、中丘陵、低丘陵、缓丘陵、台地和平坝八大类。三是地貌形态组合的地区差异明显。华蓥山—巴岳山以西为丘陵地貌，华蓥山—方斗山为平行岭谷区，北部为大巴山山区，东部、东南部、南部属巫山、大娄山山区。四是喀斯特地貌分布广泛。重庆具有特色的喀斯特槽谷景观，典型的有石林、峰林、洼地、残丘、溶洞、暗河、峡谷、天坑地缝等。

## 二、"水"资源

重庆的主要河流有长江、嘉陵江、乌江、涪江、綦江、大宁河、阿蓬江、酉水河等。长江干流自西向东横贯全境，流程长达 665 千米，横穿巫山 3 个背斜，形成著名的瞿塘峡、巫峡和西陵峡（位于湖北），即举世闻名的长江三峡；嘉陵江自西北而来，于渝中区入长江，有沥鼻峡、温塘峡、观音峡，即嘉陵江小三峡；乌江于涪陵区汇入长江。重庆年平均水资源总量在 5 000 亿立方米左右，每平方千米水面积占比为全国第一；水能资源理论蕴藏量为 1 438.28 万千瓦，可开发量 750 万千瓦；重庆每平方千米拥有可开发水电总装机容量是全国平均数的 3 倍；此外，还有丰富的地下热能和饮用矿泉水，开发潜力巨大。重庆年平均降水量较丰富，大部分地区在 1 000～1 350 毫米，降水多集中在 5—9 月，占全年总降水量的 70%左右；春夏之交夜雨尤甚，素有"巴山夜雨"之说。重庆年平均相对湿度多在 70%～80%，空气湿润、降水丰沛，在中国属高湿区。据《重庆市水资源公报（2020 年）》显示，重庆全市水资源总量为 766.855 9 亿立方米，折合径流深 930.6 毫米；地表水资源量 766.855 9 亿立方米，地下水资源量 128.687 7 亿立方米，产水模数 93.06 万立方米/平方千米。

## 三、"林"资源

森林是陆地生态系统的主体，具有完整的生态系统功能。它不仅为人们提供大量木材和各种林副产品；而且具有涵养水源、保持水土、调节气候、净化大气，以及防治水灾、旱灾、风灾的巨大作用。重庆山地面积大，雨热条件优越，森林资源丰富。1995 年，对重庆全市森林资源进行了普查。全市有林业用地 4 511.41 万亩，占辖区面积的 36.53%。全市未利用土地 2 312.89 万亩，占土地总面积的 18.73%，其中有相当部分可作为林地。全市活立木总蓄积量 7 183 万立方米。其中，林分蓄积约 6 262 万立方米，占总蓄积量的 87.2%；疏林约 181 万立方米，占 2.5%；散生木约 108 万立方米，占 1.5%；"四旁"树约 631 万立方米，占 8.8%。活立木总生长量约 600 万立方米/年；其中，用材林生长量近 350 万立方米/年，防护林生长量约 105 万立方米/年，特用林生长量约 13 万立方米/年，疏林生长量约 20 万立方米/年，散生木约 8 万立方米/年，"四旁"树约 104 万立方米/年。2015 年，全市森林覆盖率达 45%，林木蓄积量 1.97 亿立方米；全市林地面积达 6 551 万亩，森林面积达 5 562 万亩；活立木蓄积量 1.98 亿立方米，林业产值达 662 亿元。

## 四、"田"资源

土地是人类赖以生存的重要资源。2021 年重庆市第三次国土调查主要数据公报显示，重庆市耕地面积为 187.02 万公顷。其中，水田 70.41 万公顷，占 37.64%；水浇地 0.12 万公顷，占 0.07%；旱地 116.49 万公顷，占 62.29%。从区域分布统计，45.15% 的耕地分布在主城都市区，35.09% 的耕地分布在渝东北三峡库区城镇群，19.76% 的耕地分布在渝东南武陵山区城镇群。位于 2 度以下坡度（含 2 度）的耕地 10.14 万公顷，占全市耕地的 5.42%；位于 2~6 度坡度（含 6 度）的耕地 26.65 万公顷，占 14.25%；位于 6~15 度坡度（含 15 度）的耕地 77.03 万公顷，占 41.19%；位于 15~25 度坡度（含 25 度）的耕地 40.17 万公顷，占 21.48%；位于 25 度以上坡度的耕地 33.03 万公顷，占 17.66%。综合考虑现有耕地数量、质量、人口增长和发展用地需求等因素，重庆总体人均耕地较少、耕地质量总体不高、耕地后备资源不够充足。

## 五、"湖"资源

纵观重庆之地理，其地势总体由盆地向盆周山地爬升、过渡，在内部又分别由南北向长江河谷倾斜；其地貌则以起伏的山地、丘陵为主；这些都不利于宽广水域的展聚，从而极大限制了天然湖泊的形成。但是，重庆山多谷深、江河密布，又为水库等人工湖泊的出现提供了条件。自新中国成立以来，几代重庆人因形就势在山水间筑坝成库，丰富了人与水的相处场景与方式，创造着重庆自己的湖泊文化。重庆正成为一座绝无仅有的

"山地湖城",展现出了人与自然和谐共生的美好景象。据 2021 年重庆市第三次国土调查主要数据公报显示,水域及水利设施用地 27.17 万公顷,其中,河流水面 8.49 万公顷,占 31.22%;水库水面 10.56 万公顷,占 38.88%;坑塘水面 7.20 万公顷,占 26.51%。根据地理上的成因,湖泊有天然与人工之分;其中,天然湖泊又有构造湖、火口湖(火山口湖)、冰川湖、堰塞湖、喀斯特湖(岩溶湖)、潟湖(海成湖)、弓形湖(河成湖)、风蚀湖等多种。黔江区小南海作为重庆唯一一座天然湖泊,为地震形成的堰塞湖;除此之外,重庆 8.24 万平方千米市域范围内的其余湖泊均为人工湖。随着水库建设技术的进步,一座座人工湖泊,逐渐来到重庆人的身边。新中国成立之后,重庆大兴水利,经过 20 世纪 50 年代末和 70 年代初的两轮大规模修建水库的高潮,以及改革开放以来持续的改建、新建;截至目前,重庆已有各种水库 4 000 余座,也就是 4 000 余座人工湖。

## 六、"草"资源

2021 年重庆市第三次国土调查主要数据公报显示,重庆草地 2.36 万公顷。其中,天然牧草地 0.40 万公顷,占 16.78%;人工牧草地 0.03 万公顷,占 1.41%;其他草地 1.93 万公顷,占 81.81%。草地主要分布在渝东北三峡库区城镇群,占全市草地的 49.43%,其中草地面积排名前三的为巫溪县、城口县、彭水县,全市现有草地类 6 个、草地型 51 个,草原综合植被盖度 86%。重庆已通过审定的草品种有 4 个,其中地方草品种资源有巫溪红三叶,涪陵十字马唐和重高扁穗牛鞭草,育成品种有渝苜 1 号紫花苜蓿、渝饲 1 号蚕豆。从垂直分布上来看,低海拔地区的热量条件较好,人口稠密,土地垦殖指数较高,天然草地面积相对较少,草地质量较差。随着海拔升高,热量条件变差,耕地面积减少,天然草地面积较大,草质相对较好;但多数人烟稀少,基础条件差,利用程度低。

## 七、"畜"资源

我国畜禽资源极为丰富,各具特色,具有潜在育种价值和产业化开发前景；且"畜"资源与其他资源形成良性循环，在生态系统中加快能量流动，共同维护生态平衡。自重庆开展第三次畜禽遗传资源普查工作以来，一边全面做好面上普查，一边开展畜禽遗传资源保护。2021年，安排专项资金1 400万元，重点保护地方畜禽资源11个，确立市级畜禽种质资源保护单位22家。同时，创新了保种方式，制订了保种方案，细化了职能职责，开展了性能测定，进行了鉴定评价，培育出荣昌猪、大足黑山羊、四川白鹅国家级保种场区3个。2023年，重庆发布修订的《重庆市畜禽遗传资源保护名录》共有5类16个畜禽遗传资源被列入保护名录。一是猪类，有荣昌猪、湖川山地猪（盆周山地猪、合川黑猪、罗盘山猪、渠溪猪）；二是牛类，有涪陵水牛、川南山地牛、巴山牛；三是羊类，有大足黑山羊、渝东黑山羊、川东白山羊、板角山羊、酉州乌羊、合川白山羊；四是禽类，有城口山地鸡、大宁河鸡、麻旺鸭、四川白鹅；五是蜂类，有中华蜜蜂（华中中蜂）。它们养殖历史悠久、品质优越、科研价值高、蕴含深厚文化，对促进畜禽种业振兴、深度融合种养结合生产方式、壮大产业优势和保障畜产品有效供给具有重要意义。

# 第二章

## 重庆山地"三本"农业溯源 02

### 第一节 生 猪

　　猪粮稳则天下安。重庆是一个具有大城市、大农村典型二元结构的直辖市。自1986年以来，在重庆的农业生产结构中，粮猪型经济结构突出，养猪业是全市传统的农业和农村经济发展优势型骨干产业，生猪生产一直是全市增加农民收入和地方财政收入的重要渠道。全市生猪生产优势区域布局在合川区、开州区、江津区、万州区、永川区、云阳县、巴南区、长寿区、涪陵区、荣昌区、綦江区、垫江县、奉节县、梁平区、潼南区、南川区、大足区、铜梁区、忠县、丰都县、黔江区、璧山区、彭水苗族土家族自治县、巫山县、武隆区、巫溪县26个区（县），占全市区（县）总数的一半以上。自2000年，尽管重庆对畜牧业结构调整提出了"稳定发展生猪，大力发展牛羊草食动物，积极发展小家畜家禽"方针；但在未来相当长的时期内，生猪生产仍然是全市畜牧业中的最大支柱，仍在农业总产值中占据较大比重，仍然是全市农村农民现金收入的重要来源。30多年来，重庆各级人民政府通过采取政策引导和资金投入等措施，促使生猪产业快速、稳定、持续发展。

16

得益于重庆独特的丘陵、山地地貌，孕育出了适宜于"山城"生长的生猪品种。目前，重庆猪品种主要有荣昌猪、合川黑猪、罗盘山猪、渠溪猪、盆周山地猪、长白猪、大约克猪、杜洛克猪、PIC 猪。

## 一、本地品种

### （一）荣昌猪

#### 1. 荣昌猪的起源

关于荣昌猪的起源，我国一些著名的专家、学者、教授对此进行过长时间的探讨；概括起来有两种看法：一种认为荣昌猪来源于外省，另一种认为荣昌猪起源于本地。

清康熙二十四年（公元 1685 年）的《荣昌县志》记载："昔辽东有豕，生子白头，异而献之。行至河东，见群豕皆白，怀惭而还。"经考证，此文摘自《后汉书·朱浮传》中的《为幽州牧与彭宠书》。由此可见，我国辽东在南北朝时期已产花猪，山西临汾以南到黄河北岸已盛产白猪。这段记载虽出现在《荣昌县志》中，但与荣昌白猪无关。到了光绪十年（公元 1884 年）增修《荣昌县志》时，在"白豕"之下除保留了朱浮的原句外，又增添了一段。其文曰："……邑之白豕或河东之豕类欤？因纪以诗云：健如刚鬣色如银，乌鬼乌金漫比伦，自是太平多瑞物，糟糠风味亦佳珍。"该史料说明前人也在对荣昌"白豕"的来源进行探索，提出了"邑之白豕或河东之豕类欤"的推测；同时，还说明当时的"白豕"已具有体格健壮、体表白色如银、鬃毛刚鬣、耐粗饲的特性；表明当时的荣昌"白豕"已成为品种。

20 世纪 30—40 年代，我国的著名学者、专家也对此进行了大量的探索。1939 年，余德仁先生在《荣昌白猪之探讨》一文中写道："……县中湖南永州人，多集中于荣、隆两县接壤之荣隆场、盘龙场、仁义场、河包场、双河场、许家滩、周兴场、鱼箭滩、石碾乡等几场，形成一个自然区域；又考湖南永州人至荣、隆年代系明末清初，则在康熙或雍正年间，故永州人最早至荣、隆……"相关研究人员根据移民线索，考察了湖南永州一带是盛产白猪及白猪鬃之地，故最后分析认为荣昌猪来源于湖南省。原贵州省农业改进所畜牧兽医系主任程绍回先生也认为，荣、隆两地白猪与湖南白猪的体形外貌、色泽等均无显著差别，唯头部略长、耳较小；据此证明，荣、隆两地白猪祖先必系来源于湖南省的白猪。

1941年，我国著名畜牧专家许振英教授则认为，荣昌及隆昌之东部，以安富镇为核心周围10千米为白猪的发源地，此圈外则为黑猪、花猪区域，约占10县，说明荣昌猪来源于本地。

自20世纪50年代以来，时任重庆市养猪科学研究院黄谷诚先生在历次的文章中大多这样叙述："荣昌猪的品种形成约300年以上的历史……据传明末清初由湖南或广东移民将猪带入四川境内……"虽然，这种叙述已载入《中国猪种》一书之中，当时再无争议；但是，黄谷诚先生对荣昌猪的来源，始终以科学、负责的精神寻根究底，于1985年撰写了《荣昌猪品种来源及形成历史探讨》一文。文中认为，根据20世纪80年代发掘的"古昌州遗址"（古昌州在现在荣昌建制），荣昌猪开始在此地发生比移民来川更早（约1567年），故荣昌猪由移民带来之说不能成立。因此，在找不出可靠的根据之前，应以发源于荣昌、隆昌东部之说予以取代。

## 2. 荣昌猪的产地环境及品种特性

荣昌区位于四川盆地中部、重庆市西部，在成渝铁路、成渝公路线上，距重庆市区94千米，离成都市区246千米，交通十分方便。平均海拔380米（海拔315～500米），属浅丘地区。荣昌区属于中亚热带湿润东南季风气候区，反映出冬暖、春早、夏热的气候特点；主要特征是气候温和，降水充沛，四季分明，大陆性季风气候显著；常年平均气温18℃，日照1 280小时左右，年平均降水量1 110毫米左右，相对湿度82%，无霜期平均为327天。区内水系发达，共有大小溪河154条，灌溉便利。全区物产丰富，可一年两熟或三熟，盛产水稻、高粱、甘薯、小麦、大麦、豆类和油菜。区内盛行制米、酿酒、推粉、熬糖、榨油等农副产品加工，因而米糠、碎米、酒糟、麦麸、粉渣、糖渣和饼类等副产物较为丰富；甘薯藤、牛皮菜、空心菜、蚕豆苗、野猪草等青绿饲料也相当丰富，可保证常年供应。这就为荣昌猪品种的形成提供了优良的自然地理环境和丰富物质基础。

荣昌猪体型中等，属肉脂兼用型；皮毛白色，多数为两眼四周及头部有大小不等的黑色斑块（图2-1）。荣昌猪头大小适中，面微凹，耳中等大而下垂，额部有毛旋和皱褶；根据猪头的形状，可分"狮子头"和"二方头"两种类型，其中以"狮子头"为好。荣昌猪体形较长而结实，背腰微凹，四肢粗壮结实，臀部稍倾斜，鬃毛洁白粗长，乳头6～7对。荣昌猪毛色根据黑斑大小有"金架眼""小黑眼""大黑眼""小黑头""大黑头"之分；或在尾根、体躯出现黑斑，称为"两头黑"和"飞花"；也有极少数全身纯白，称为"洋眼"或"全白"。在各种毛色特征中，以"小黑眼""大黑眼""小黑头"居多，约占一半以上。

图2-1 荣昌猪

荣昌猪一般生物学特性与国内外其他猪种很相似，但荣昌猪还具有性成熟早、母性强、世代间隔短、适应性强、耐粗饲及杂交配合力好等特性。

### （二）合川黑猪

#### 1. 合川黑猪的起源

合川黑猪是重庆市地方畜禽遗传资源一级保护品种、地理标志产品。合川黑猪是在特殊的自然环境条件下，经过长期选育形成的生猪地方品种。据《合川县志》记载，合川黑猪起源于当地"泥猪"和"刺猪"，距今已有 1 600 多年的历史。

在 20 世纪 60 年代，合川黑猪肉是款待客人时不可多得的美味佳肴。在其发展最鼎盛的 20 世纪 70 年代末，全区合川黑猪母猪饲养量近 10 万头，年提供商品代育肥仔猪 120 万头以上。

从 20 世纪 80 年代开始，得益于改革开放，人们物质生活得到很大改善，脂肪类食品逐渐被蛋白质含量高的食品所取代，瘦肉率偏低的纯种合川黑猪猪肉产品逐渐失去了市场。受外来高产种猪的强烈冲击，合川黑猪数量急剧减少，濒临灭绝。

2009 年，经专家评审，重庆市出台了合川黑猪地方标准，对合川黑猪的品种特征、特性、种猪等级评定做出了明确规定。至此，合川黑猪摆脱了窘境，逐步走上了规范化、规模化发展的道路。

### 2. 合川黑猪的产地环境及品种特性

合川区，位于长江上游地区、重庆西北部，距重庆主城九区 56 千米。地理坐标在东经 $105.58'37''$—$106.40'37''$、北纬 $29.51'02''$—$30.22'24''$。东邻渝北区，南靠北碚区、璧山区，西连铜梁区、潼南区，北接华蓥市、岳池县、武胜县、蓬溪县。东西宽 69 千米，南北距 58 千米，合川区的辖区面积 2 344.07 平方千米。合川区地处川中丘陵和川东平行岭谷的交接地带。境域水资源由地表水、过境水和地下水三大部分组成。地表水主要由降水形成；过境水主要是穿境而过的嘉陵江、涪江、渠江；地下水储量年总计 10 744 万立方米。合川区属渝西盆地偏湿性常绿阔叶林亚带、盆地底部丘陵低山植被地区、渝西方山丘陵植被小区，粮食作物、野生动物资源丰富。这就为合川黑猪品种的形成提供了优良的自然地理环境和丰富物质基础。

据《重庆市畜禽遗传资源志》记载，合川黑猪体型中等偏大，体质健壮，被毛黑色，鬃毛粗长刚韧（图 2－2）。头方正，额长，有少而深的横向皱纹；耳中等偏小，下垂略前倾；嘴筒长直，口叉深；背腰宽而稍凹，腹较圆而下垂；后躯欠丰满，四肢较短，后肢多卧系；乳头 6～7 对。此外，合川黑猪具有适应性强、耐粗饲、抗病力强、繁殖力高、产仔数多等优点。合川黑猪猪肉呈鲜红色，肌间脂肪丰富，大理石纹清晰、分布较均匀，肌肉中氨基酸等含量丰富，具有肉嫩多汁、风味鲜美等特性。

图 2-2　合川黑猪

### （三）潼南罗盘山猪

#### 1. 潼南罗盘山猪的起源

潼南区的罗盘山猪形成历史悠久，最早可追溯到乾隆年间。彭氏家族在乾隆年间从湖南迁至罗盘山地区，就开始饲养潼南罗盘山猪。据《彭氏家谱》记载，"彭氏由彭城传到江西宜春（隐源山口），至明初有的子孙由卢陵迁居湖南祁阳区，至清乾隆甲戌年落业川东罗坪山。以种稻、麦、姜、养猪、蚕桑为业。"据《潼南区志》记载："1954 年 12 月，复兴乡乐平农业社率先建起第一个集体养猪场。"

当地农民长期种植生姜和红薯，种植粮食较少；因而，养猪主要用生姜叶和红薯藤，很少用粮食。"红薯既作人食，又是好的饲料，有红薯半年粮之说"，遂把红薯定为"精料"。

在潼南罗盘山猪核心产区至今保留的一座古庙中，存放着当地村民自发雕刻的猪王菩萨、猪王的塑像，与土地神、观音菩萨等共同供奉。据当地长者回忆，"村民历来习惯饲养本地黑猪，黑猪是村民主要的经济来源，世世代代离不开黑猪，供奉猪王就是希望菩萨保佑村民养猪不生病。"由此可见，当地有长期饲养本地黑猪的习惯。潼南罗盘山猪就是在大量使用生姜叶和红薯藤等青粗饲料的情况下，经过产区养猪户和民间兽医长期选择培育，逐步形成的能适应当地自然气候环境和粗放的饲养条件、体型外貌一致、生产性能相似、遗传性能稳定的地方猪种。

**2. 潼南罗盘山猪的产地环境及品种特性**

潼南罗盘山猪原产地位于重庆市潼南区的罗盘山地区，主要分布于重庆市潼南区。潼南罗盘山猪产地位于潼南区南部地区，地貌以丘陵为主，丘坡林立、地形零碎，海拔为 300～450 米，相对高度多数在 50～100 米，土壤主要有紫色土、黄壤、石质土、砂土和潮土。土壤 pH 为 4.5～6.5，偏酸性，适宜潼南罗盘山猪生长。潼南区水资源丰富，涪江和琼江两条干流横穿辖区，并有大小支流 73 条；多年平均水资源总量 6.11 亿立方米，过境水资源量 155.7 亿立方米，全区地下水资源储量约为 4 517 万立方米。此外，潼南罗盘山猪饲养区域属四川盆地亚热带湿润季风气候区，气候温和，雨量充沛，四季宜耕。适合农作物生长，主产水稻、小麦、玉米、红薯、生姜；农民有大量使用生姜叶、红薯藤、米糠、麦麸养猪的习惯。据当地村民介绍，罗盘山下的农户历来喜欢到罗盘山上购买母猪饲养；普遍反映从罗盘山上购买的母猪不仅耐粗饲，而且好饲养、繁殖能力强。产区位于潼南区南部，是潼南最偏远的地方，与外界交流少，相对封闭的环境形成了独特的品种资源。

潼南罗盘山猪体型中等偏大，体质健壮，被毛全黑，鬃毛粗长刚韧，头中等大，额部横行皱纹较浅，嘴长而稍尖，耳中等偏小；体躯窄深，背腰稍凹陷，腹大下垂，臀部稍倾；后躯欠丰满，四肢较短，多卧系；乳头 6～7 对（图 2-3）。猪肉肉色鲜红，肌肉间脂肪纹路明显，肉质细嫩，口

图 2-3　潼南罗盘山猪

感好；在营养价值上，其 pH 为 $6.08 \pm 0.09$，干物质含量为 $27.35\% \pm 1.4\%$，肌纤维密度为 $237 \pm 15$ 个/毫米，肌内脂肪含量为 $3.47\% \pm 0.36\%$。潼南罗盘山猪具有抗病力强、耐粗饲、合群性强的特性，饲养过程也避免了使用人工饲料、添加剂、催长剂等。潼南罗盘山猪肉无激素、无药物，是"菜篮子"中的放心肉和绿色肉食。

### （四）渠溪猪

#### 1. 渠溪猪的起源

据《巴国·巴人·巴文化》记载："巴人有古朴凝重的民风，历来崇尚勇武。他们住干栏式房屋，楼上居人，楼下养畜傍水而居。"鱼豢《魏略》亦云："氐人俗能织布，善田种，畜养豕、牛、马、驴、骡。"春秋末期至战国初期，巴人处于强盛时期，畜牧业发展较快。据《华阳国志·巴志》记载："其地，东至鱼复，西至僰道，北接汉中，南极黔涪（当时丰都归属涪）。土植五谷，牲具六畜。"到东汉时期，国家进入封建社会；汉初封建统治者实行安民利民政策，让巴地老百姓休养生息、发展养猪生产。1992—2008 年，由四川省文物考古研究所、重庆市文物考古所等多家科研单位组成的考古队，在丰都县的古墓群中，发掘出土汉代陶猪、陶猪圈等文物。其中，陶猪体型外貌近似渠溪猪，表明汉代时期丰都地区已普遍圈养猪，并有渠溪猪的原始体型。另据 1991 版的《丰都县志》记载，"民国前期，丰都肠衣主销重庆、万县、沙市、宜昌、武汉"，"民国二十七年（1938 年）高家镇、社坛等地猪瘟大流行，死亡率高"；说明在民国时期，丰都地区养猪业已十分兴旺。上述史料证明，渠溪猪系丰都地区的古老地方品种；渠溪猪的体型特征在汉代已经形成，因而其饲养历史开始于汉代以前，距今已有 1 800 多年历史。

#### 2. 渠溪猪的产地环境及品种特性

渠溪河流域属亚热带季风气候，具有典型山地城市气候特点，冬冷无寒、夏热常寒，气候水平变化小，立体变化大；降水量年内分布不均匀，年际差异性较大，其降水主要集中在春夏季节。

渠溪猪属中熟品种，肉质好，肉味香浓，肉质风味独特；其肌纤维细密，大理石花纹明显；同时，用其所制的肠衣质量特别好。在极端不良的自然环境和饲养条件下，渠溪猪也有良好的适应能力和抗逆性，能适应高海拔环境，抗寒、耐热和耐湿性好，抗病能力强，耐粗饲、耐饥饿（对低营养水平的耐受力强）。在同一环境条件下育肥，饲喂低营养水平日粮的渠溪猪其日增重、屠宰率比饲喂中等营养水平日粮的还高，且料肉比低。渠溪猪体型中等偏大，体质细致健壮，全身被毛为黑色、粗而稀。头大小适中；耳朵小，略向两侧延伸；嘴筒长而尖，口叉深；额面皱纹少，由几条粗大皱褶组成，形似古钱币样的图形；体躯较窄、背腰平直，腹大松弛下垂、不拖地；臀部较倾斜，大腿欠丰满，四肢粗短而结实，多卧系；乳头排列整齐，一般有6～8对（图2-4）。

图2-4 渠溪猪

## 二、本地养法

重庆独特的自然环境，孕育了丰富的山林资源。此外，重庆境内江河纵横、水网密布，水及水能资源十分丰富。因此，古法林下牧猪的方法非常契合本地猪品种的生长需求。

### （一）林地选择

养猪采取生态牧养，需较大的活动空间。首先，农户承包集体林地，并在承包过程中按山林资源好坏搭配；即同一面坡各家各户都有承包山地，条块分割。其次，要考虑山形地貌，应选择光照条件、好通风的阳坡，避免陡坡、悬崖地段，确保放牧安全。

### （二）品种选择

猪品种选择是牧养方式能否成功的关键。首先，要考虑品种是否适应当地的气候环境，如不适应则很难生存；其次，要考虑产出品是否具备市场竞争力。因放养猪的周期比圈养猪的生长周期长，只有打造特色产品来提高附加值，才能实现预期的经济收益。因此，需结合重庆市的独特地理和气候条件，来选择发展生猪品种，如荣昌猪、合川黑猪等。

### （三）古法牧猪

遵循古法放牧理念，渠溪猪的本地特色养殖模式强调在自然山林中进行牧养，不设围栏和猪圈，以保持猪的自然行为和健康。为了有效控制牧养边界，避免纠纷和猪只流失，采用牧犬驱逐方式守护放牧区域；同时，通过声控召集训练，利用锣声或竹梆敲击声作为信号，训练渠溪猪在听到特定声音时主动回到投食点。在养殖策略上，采取南北朝时期的牧猪和舍养混合法；中猪放养以增加活动量，而大猪和小猪则在猪舍中饲养；以天然食物为主，辅以补充饲料。渠溪猪白天在山林中自由觅食，以野草、野菜、野果等天然食物为食；同时，为了促进其生长，会补充以苞谷、红薯和猪草为主的饲料，辅以南瓜、萝卜、土柚子、小橘子等农作物，以确保渠溪猪能够饱食终日，达到催膘助长的效果。

## 三、本地吃法

### （一）重庆老腊肉

重庆老腊肉制作方法源自民间加工秘方，具有500多年历史，别具特色；是精选高山放养的土种猪五花肉，经过腌制后，再于日光下烘晒，从而制成的能够长期保存的加工肉品。正宗老腊肉的制作遵古法以木炭熏制，有一种迷人的烟熏味，现在市面上仍可以买到。重庆老腊肉的衍生品腊肉肠是以民间传统配方和工艺加工熏烤的香肠，产品色泽红润、口感浓厚醇香，肉质精良、香味纯正、营养丰富，也是重庆具有代表性的美食之一。重庆老腊肉的具体做法有2种。

**做法一**

备料：取皮薄、肥瘦适度的鲜肉或冻肉刮去表皮污垢，切成0.8～1.0千克、厚4～5厘米的标准带肋骨的肉条；若制作无骨腊肉，还要切除骨头。加工有骨腊肉时，用食盐7千克、精硝0.2千克、花椒0.4千克；加工无骨腊肉时，用食盐2.5千克、精硝0.2千克、白糖5千克、白酒及酱油各3.7千克、蒸馏水3～4千克。加入辅料前，要将食盐和精硝压碎，将花椒、茴香、桂皮等香料晒干碾细。

腌渍：有3种方法。①干腌。用干腌料擦抹切好的肉条，擦透；而后将肉面朝下，顺序放入缸内，最上一层皮面向上；最后，将剩余干腌料敷在上层肉条上，腌渍3天翻缸。②湿腌。将切好的肉条放入腌渍液中腌15～18小时，中间翻缸2次。③混合腌。将切好的肉条用干腌料擦好放入缸内，并倒入已灭菌的陈腌渍液，需淹没肉条。在混合腌渍中，食盐用量不可超过6%。

熏肉：重庆老腊肉是熏干肉（腊肉有两种，一种是熏干肉，一种是风干肉）。首先，用砖头、泥巴砌一个大圆柱，下面留一个小口用来加燃料；上面横放几根木棍，木棍上挂上已经腌渍好的肉条。然后，把一口大锅倒扣在肉条上，燃烧由香樟、柏木、大料、糯米和各种香料制成的燃料；要用燃烧形成的烟熏上24小时，直至把肉条里的水分和油分几乎熏没了。

**做法二**

土家老腊肉（图2-5）也是重庆特有腊肉的一种，为重庆黔江区的特产，表里一致、色泽焦黄。制作土家老腊肉很容易，但要制出风味绝佳的土家老腊肉很难。

首先将猪肉分成1.5～2.5千克（或更

图2-5 土家老腊肉

大）的肉块，便于入味和加工储藏。然后，把盐炒黄，再加入花椒炒出香味。而后，把肉用温盐抹匀，放入盆中；将盆底的肉皮朝下肉朝上，最上层的肉皮朝上肉朝下，排放整齐；每 3～5 天翻一次，10 天后沥干水分。最后，持续熏烤。在此期间（土家人冬天烤火的时间），土家人大多把一个个很大的树蔸或树桩放在火塘里，让它持续燃烧，利用上升的青烟和热量去熏制肉块。由于这样的烟熏缓慢且充分，加之燃烧的树蔸或树桩不少都有特殊的香味，故这样熏制出的腊肉味道特别香醇。

### （二）毛血旺

毛血旺是川菜中的一道特色名菜，也是重庆江湖菜的鼻祖之一，已经列入国家标准委员会的《渝菜烹饪标准体系》。毛血旺的烹饪技巧以煮菜为主，口味属于麻辣味；其起源于重庆，流行于西南地区。

20 世纪 40 年代，重庆市沙坪坝磁器口古镇水码头的一王姓屠夫每天把卖肉剩下的杂碎，以低价处理。王姓屠夫的媳妇张氏觉得可惜，于是当街卖起杂碎

图 2-6　毛血旺

汤，即将猪头肉、猪骨、老姜、花椒、料酒混合，用小火煨制，再加豌豆熬成汤，最后加入猪肺叶、肥肠，味道特别好。一个偶然机会，张氏在杂碎汤里直接放入了鲜生猪血旺，发现血旺越煮越嫩，且杂碎汤的味道更鲜了。这道菜是将生血旺现烫现吃，且又以毛肚、百叶等杂碎为主料。遂取名毛血旺。"毛"是重庆方言，就是粗犷、马虎的意思。其味道麻、辣、鲜、香俱全，且汁浓味足。

### （三）刨猪汤

"吃刨汤"是我国西部地区的一种民间习俗。在快要过年的时候，家

里都会杀年猪。在农村，这个猪主要是自己家喂的，专用来自己家里过年吃的，这样喂的基本上是粮食。杀猪时，要请亲朋好友一起吃、喝、玩，常常是把猪的新鲜肉和内脏等煮一大锅，并配其他菜类。这就是所谓的汤。临别时，热情的主人一般还要给来的客人送一刀肉。若哪天哪家要"吃刨汤"，那这天这户农民家中就会十分热闹。大家一起边吃边谈，既联络友情，又互通信息，还筹划来年发展，颇有意义；所以，这种"吃刨汤"文化能沿袭至今。

"吃刨汤"很有讲究，要求七大碗八大碟，主菜一般都有粉蒸肉、回锅肉、炒猪肝、酸菜滑肉面块和一道地地道道的刨猪汤（图 2-7）。

刨猪汤的做法：首先，将粉肠洗净、煮炟、切成段，猪肝切柳叶片，猪血煮熟，瘦肉切片、码盐、上浆，老母鸡和筒子骨吊汤备用，干黄花发制、打结，干

图 2-7 刨猪汤

木耳发制、洗净、备用。而后，锅内加入吊好的鲜汤，放入姜末，熬制 2 分钟；下入粉肠、血旺、黄花菜、木耳、白菜煮熟，下入浆好的肉片、猪肝煮熟。最后，起锅撒上葱花即可。

# 第二节 肉 牛

重庆市肉牛产业发展经历了自然发展、结构调整 2 个阶段。1986—1997 年，党的十一届三中全会召开后，重庆市肉牛产业进入了快速的发展时期，形成了国营、集体、个体一起发展的局面，肉牛饲养数量、肉牛产量快速增长。1998—2015 年，随着肉牛产业不断发展，私营及个体不断壮大，国有企业逐步退出，包括重庆肉牛良种繁育中心由强至弱的演变，以及规模化、集约化的万头、千头大型牛场逐渐建成，改变了重庆肉

牛产业规模小、散乱的状况。2014年,重庆肉牛产业受到政府、协会的大力支持,社会给予高度关注,大型企业不断进入,农民积极投入,以及承办了第九届中国牛业发展大会,全市的肉牛养殖保持着强劲发展的态势。

重庆市本地品种有本地黄牛和涪陵水牛;主要推广品种有西门塔尔牛、安格斯牛、利木赞牛、南德温牛等肉用品种。重庆利用本地黄牛(♀)×西门塔尔牛(♂)、本地黄牛(♀)×安格斯牛(♂)、本地黄牛(♀)×南德温牛(♂),生产二元杂交肉牛;利用西杂(安杂)等二元杂交肉牛(♀)×南德温牛(♂)等大型肉牛品种,生产三元杂交肉牛。

## 一、本地品种

### (一)丰都肉牛

#### 1. 丰都肉牛的起源

丰都县位于三峡库区腹地,是传统农业大县;自古以黄牛作为农耕役用,长期以来基本以农户散养为主。自2000年开始,西南大学、重庆市畜牧科学院等院校相继与丰都县开展合作,组织专家到丰都县从事肉牛科研、指导农民科学养牛;由此,肉牛养殖逐步成为山区农民脱贫致富、库区移民安稳致富的好门路,农民养牛的热情日益提高、养殖规模逐渐扩大,为丰都县肉牛产业发展壮大奠定了良好基础。

2008年,为破解库区产业空虚难题、加快扶贫开发进程,丰都县委、县政府在充分调研、反复论证的基础上,决定把肉牛作为农村经济发展的支撑性产业来抓,出台系列政策,实施多项举措,全力打造"中国南方肉牛之乡"。到2013年,丰都县肉牛养殖规模、屠宰加工量、科技水平等多项指标居全国或重庆市前列,肉牛产业发展取得了历史性突破。

2014年,丰都县委、县政府出台了《关于加快建设中国肉牛之都的实施意见》,调整发展战略、转变发展思路,推动丰都县肉牛产业进入扩大规模、提升品质、丰富内涵的转型发展新阶段,产业内动力、带动性进一步增强,产业附加值进一步提高,产业发展步入持续、健康的良性轨道。

丰都肉牛是丰都县特产、国家地理标志产品、重庆名牌农产品。丰都县立足"国家农业科技园区、特色农产品优势区、农村产业融合发展示范园"定位,坚持把肉牛产业作为乡村振兴和脱贫攻坚的主导产业来抓,举全县之力建设"中国肉牛之都"。经过多年的不懈努力,已基本形成了集牧草种植、良种繁育、生态育肥、屠宰分割、精深加工、粪污利用、商贸物流和科技研发于一体的肉牛全产业链,实现了与肉牛相关联的一二三产业广泛联动、深度融合。

**2. 丰都肉牛的产地环境及品种特性**

重庆市中部的丰都县,占地 290 平方千米,以山区为主,丘陵较多、平原较少,属于三峡库区;全县沿长江分布在西北、东南方向,水源充沛,牧草丰富;天然草场 1 588 万亩,9 个天然草场 300 多公顷。

丰都县的当地黄牛属于川南山地黄牛,体较矮,肌肉丰满,具有耐粗饲、行动敏捷、善于山地田间耕作、持久耐劳、不怕酷热寒冷、容易调教等特点。成年公牛体高 115.9 厘米,体重 323.2～380 千克;成年母牛体高 108.1 厘米,重 260～299 千克,阉牛 116 厘米,体重 321.9～379 千克。近年来,通过品种改良,引入西门塔尔牛、安格斯牛等优质肉牛的冻精,开展二元杂交和三元杂交改良,肉牛生产性能得到极大的改善。在饲养上,采用天然谷物饲养、科学配方,提供人饮水源、沙床牛舍、音乐牛栏、保洁按摩,使丰都肉牛肉质细嫩、香味突出、大理石纹十分漂亮。丰都肉牛的产品核心竞争力为:100% 谷物饲养,更营养;100% 的 2～3 岁青壮公牛,更细嫩;100% 优质肉牛品种,更美味;100% 来自标准自养牧场,更放心;100% 从牧场到餐桌全产业链,更安全;72 小时排酸、排毒,更健康。丰都肉牛见图 2-8。

图 2-8 丰都肉牛

## （二）涪陵水牛

### 1. 涪陵水牛的起源

涪陵水牛为地理标志产品。涪陵水牛是中国著名的役用型地方水牛品种，具有拉力大、耐粗饲、抗病力强、繁殖性能好、适应性强等优点，为中国"四大名水牛"之一。涪陵水牛于2009年被农业部纳入国家畜禽遗传资源品种名录，于2013年注册为国家工商行政管理总局地理标志商标。

### 2. 涪陵水牛的产地环境及品种特性

涪陵水牛广泛分布于涪陵区及周边南川、垫江、丰都等区（县）。产区地处四川盆地和盆地山地过渡地带，以及重庆市的腹心地区和三峡库区。境内地势以河谷丘陵为主，横跨长江南北，纵贯乌江东西，属典型的低山、丘陵地区。地势大致呈东南高、西北低，海拔119～2 033米。涪陵水牛产区属亚热带湿润季风性气候区，总的特点是四季分明、热量充足、降水充沛、季风影响突出、年平均气温17.9～18.5 ℃，年平均无霜期317天，年均降水量1 072～1 094毫米。

涪陵水牛结构紧凑、体型较大、体躯略短，前胸开阔，背腰宽平；被毛多为青色与黄褐色，个别有芦花色和白色，稀发薄皮有光泽；头方正，嘴粗短，角呈八字形或盘形；四肢粗壮，蹄黑色，多呈木碗形，也有剪蹄和踏蹄；尾根粗、尾细长（图2-9）。

图2-9 涪陵水牛

## 二、本地养法（以丰都肉牛为例）

2022年，丰都县草地面积为1 149.22公顷。其中，天然牧草地206.97公顷，占18.01%；其他草地942.25公顷，占81.99%。草地主要分布在丰都县南岸片区，占全县草地的87.01%。人工种草保留面积1万公顷，以每亩产鲜草6 000千克计算，理论载畜量达10万个黄牛单位。现丰都县另有肉牛饲料农作物秸秆的产量为3.3亿千克，如果按照85%的利用率来计算，可载畜17万个黄牛单位。丰都县结合实际情况进行科学规划，对全县肉牛产业进行合理布局，经过多年大胆创新、积极探索，形成了多样化的肉牛养殖模式。

**1. 母牛"领养"模式**

为了使肉牛产业发展成果真正普惠于民，一方面鼓励、引导有条件的农户通过自己购买牛犊的方式从事母牛养殖和肉牛育肥；另一方面，针对贫困户大力推行"企业买牛、农户喂养、母牛回购、犊牛属户"的母牛领养模式。在此母牛"领养"模式中，政府不仅为农户向企业提供担保，而且为农户母牛饲养给予了保险补贴。

**2. 肉牛"托养"模式**

公司主动与农户合作，建立"公司＋基地＋农户"的合作发展机制，创造性推行"春天赊牛、秋冬还账、赊瘦还肥、赊小还大"的肉牛托养模式。政府实行"一建二补三免"办法扶持；即政府全额出资建牛场，政府对养牛农户给予饲养劳务补贴和牧草种植补贴，政府对养牛农户进行免费技术培训、免费疫病防控、免费营销指导。

**3. 家庭饲养模式**

这种模式以家庭为单位，为便于管理常常将养牛规模控制在20～50头。在高山草甸地区，农户采取以放牧与舍饲相结合的养殖模式生产犊牛和架子牛；在农区，农户则利用秸秆等农副产品饲养。庭院牧场的肉牛育肥和母牛养殖可充分利用农户闲散劳动力，生产成本相对较低。

**4. 专业养殖大户（场）**

据调查，专业养牛户（场）饲养具有规模较大、肉牛年出栏量较多

（300～1 000 头）、饲养经营较集约、投入大量的饲料和疫病防治等费用、需要雇用劳动力等特点。专业养殖大户（场）的肉牛育肥出栏后的销售渠道一般为屠宰加工企业；有的养殖大户与企业签订协议，直接成为企业的养殖基地，按照企业的要求生产肉牛。养牛大户一般经历几年甚至十几年的肉牛育肥，已经积累了比较丰富的养牛饲养管理、疾病防治等经验及一定资金；这类养殖大户大多希望扩大养殖规模，获取规模养殖效益。

**5. 肉牛养殖小区**

肉牛养殖小区特色鲜明、实用性强。一般由当地政府划拨土地，政府、企业或个人投资兴建养殖小区，育肥户以租用棚圈的方式入驻养殖小区。原则上养殖小区会进行一定程度的统一管理，如统一提供饲料、统一技术指导、统一防疫、统一销售等。肉牛养殖小区搭建了技术、管理、设施设备和资金投入平台，实现集约化养殖，提高了经济效益。

**6. 养牛合作组织**

自丰都县首家肉牛养殖专业合作社联合社在三合街道峰顶村成立以来，养牛合作组织数大幅攀升，而且多为农牧民自发组建。大多养牛合作组织组建不久，处于探索阶段，在经营、管理、资金等方面存在不少问题；其在提升养牛业产业化水平、提高标准化生产和现代化养殖水平上难以发挥作用，但在带动农牧民收入增长方面作用明显。

## 三、本地吃法

**1. 綦江牛肉干**

千百年来，牛肉干制作技艺在巴渝大地十分盛行。綦江牛肉干的名气，不仅仅因为自 1937 年就开始建厂生产，是中华老字号品牌，几度面临坎坷，又几度重生与辉煌；更因为产品的多样化，既有传统的麻辣、五香、卤汁、灯影、罐头 5 个类型的黄牛肉干，也有重庆市场少见的牦牛肉干。

綦江牛肉干（图 2-10）均以精选鲜牛肉为主料，配以多种名贵天然香料，以传统工艺和现代技术相结合精制而成；展现了肉丝绵实、营养丰富、风味独特、回味悠长的品牌特征,吸引了众多消费者。

图 2-10 綦江牛肉干

### 2. 重庆麻辣毛肚火锅

传统的重庆麻辣毛肚火锅(图 2-11)以牛的毛肚为主。正宗的毛肚火锅的荤菜几乎都是牛身上的,如肝、心、舌、背柳肉片和血旺,另加莲白、蒜苗、葱节、豌豆尖等素菜。在制作配料上,正宗的毛肚火锅以厚味重油著称,最能代表渝味中麻、辣、烫的典型;而传统汤汁的配制是选用郫县辣豆瓣、永川豆豉、甘孜牛油、汉源花椒为原料。

图 2-11 重庆麻辣毛肚火锅

# 第三节 山　　羊

重庆市地处中国西南部、长江上游，北部、东部及南部分别有大巴山、巫山、武陵山和大娄山环绕。地貌以丘陵、山地为主，坡地面积较大，有"山城"之称。年平均气温 $16\sim18\ \text{℃}$，最热月平均气温 $26\sim29\ \text{℃}$，最冷月平均气温 $4\sim8\ \text{℃}$。全市年平均降水量较丰富，大部分地区在 $1\,000\sim1\,350$ 毫米，降水多集中在 5—9 月，占全年总降水量的 70% 左右。全市年平均相对湿度多在 70%～80%，在中国属高湿区。年日照时数 $1\,000\sim1\,400$ 小时，日照百分率仅为 25%～35%，为中国年日照最少的地区之一；冬季、春季日照更少，仅占全年的 35% 左右。根据自然生态、社会经济，重庆市山羊养殖以半舍半牧方式为主。重庆市山羊养殖重点区县有云阳县、巫溪县、奉节县、武隆区、巫山县、开州区、万州区、涪陵区、酉阳土家族苗族自治县、城口县、黔江区 11 个区（县），这些区县也是重庆市山羊的优势主产区。

重庆市的地方山羊品种主要有渝东黑山羊、大足黑山羊、合川白山羊、板角山羊、酉州乌羊。

## 一、本地品种

### （一）渝东黑山羊

**1. 渝东黑山羊的起源**

渝东黑山羊是涪陵区重点发展的四大畜牧特色效益产业品种、地理标志产品。渝东黑山羊属肉皮兼用型地方优良山羊品种，2001 年被收录入《全国畜禽品种引种指南》；2006 年 5 月，通过了原重庆市畜禽品种审定委员会审定；2006 年，渝东黑山羊资源保种场在涪陵区建立；2009 年 5 月，通过国家畜禽遗传资源管理委员会羊专业委员会现场审定；2009 年 10 月 15 日，农业部发布第 1 278 号公告，成为国家级畜禽遗传资源。2013 年，获国家工商行政管理总局地理标志商标的使用权。

### 2. 渝东黑山羊的产地环境及品种特性

渝东黑山羊中心产区位于重庆市涪陵区、丰都县和武隆区等区（县）。产区地处四川盆地和盆地山地过渡地带，即重庆市的腹心地区和三峡库区；境内地势以河谷丘陵为主，横跨长江南北，纵贯乌江东西，属典型的低山、丘陵地区；地势大致为东南高、西北低，海拔 119～2 033 米。产区属亚热带湿润季风性气候区，总的特点是四季分明、热量充足、降水充沛、季风影响突出，年平均气温 17.9～18.5 ℃，年平均无霜期 317 天，年均降水量 1 072～1 094 毫米。

渝东黑山羊（图 2-12）具有攀登山坡能力强、采食力强、耐粗饲、抗病力强、适应性强、易管理等特点，以及生长发育较快、繁殖力强、屠宰率高、肉质细嫩板皮品质好等优点。渝东黑山羊全身被毛黑色，成年公羊被毛较粗长、母羊被毛较短；头呈三角形，中等大小；鼻梁平直，两耳直立向上；多数公羊、母羊有角和胡须，头、颈、躯干结合紧凑，后躯略高于前躯，腰背平直，胸较宽深，肋骨开张，臀部稍有倾斜，后肢结实，蹄质坚实，尾短直立。

图 2-12　渝东黑山羊

## （二）大足黑山羊

### 1. 大足黑山羊的起源

据《大足县志》记载："宣统二年省劝业道署劝工统计表载,大足有羊1 189头。"据《〈民国重修大足县志〉点校》记载,在1930年,每宰羊一只,征银三角解省;且羊皮为中国出口货物之一。另据《大足县农牧渔业志》记载:"在大足,历来只有山羊,都是以本地山羊为主。"1937年,《大足县概况》"畜产统计表"载全县有山羊4 452只。

自2003年以来,大足区畜牧部门与西南大学相关技术人员,在大足黑山羊中心分布区,先后调查访问当地年长者20多人,年龄最大者93岁,年龄最小者65岁。他们都证实在孩童时期就放养黑山羊,而且祖辈也一直养有黑山羊;还证实本地黑山羊一直就是全身纯黑、耳朵窄长、产羔多、奶水好、很少得病。

因各级部门高度重视和相关政策措施的实施,大足黑山羊种群数量从发现之初的近6 000只发展到2015年底的12万只,种群数量得到大大提高。这为大足黑山羊遗传资源的保护与开发利用提供了良好的基础。

截至2023年4月末,大足区黑山羊存栏18.9万只,存栏种羊5.5万余只,出栏10.9万只,产值超4亿元,综合产值超10亿元;共有区级扩繁场(户)700余户,建成黑山羊国家畜禽遗传资源保种场1个、市级畜禽资源保种场2个,入选第五批中国重要农业文化遗产名单。

### 2. 大足黑山羊的产地环境及品种特性

大足黑山羊的主产区铁山镇,位于大足区西部,居重庆大足区、重庆荣昌区、四川安岳县交界处,东临大足区三驱镇,南接大足区季家镇,西靠荣昌区吴家镇,北邻大足区高升镇及四川省安岳县努力乡、合义乡。铁山镇政府距大足区城区19.5千米,内(江)大(足)高速从镇腹心穿过;渝蓉高速公路设立的"三驱"下道口位于铁山镇胜丰村,距镇政府2.8千米。该镇驾车到重庆、成都分别需要35分钟和90分钟。全镇面积61.55平方千米,森林覆盖率49.1%;辖12个村、2个社区,共75个村民小组、10个居民小组,总人口3.3万人,其中非农业人口0.4万人。地貌以浅丘带坝为主,地形呈东低西高走势,平均海拔492米。气候属亚热带湿润季风气候，年平均气温 17.4 ℃，年降水量 1 080 毫米，无霜期 320 天以上。铁山镇属典型的农业镇，除传统的种植业外，特色种植业以葡萄、枇杷、白芷、柠檬等为主；养殖业以黑山羊、土鸡、蛋鸡和稻虾为主。大足黑山羊年存栏量 1.23 万只，生态土鸡年出栏量 120 万只以上，年产绿色鸡蛋 5 000 万枚，鳗鱼年养殖面积 17.34 公顷，稻虾共生年养殖面积 13.34 公顷。

大足黑山羊成年母羊体型较大，全身被毛全黑、较短，肤色灰白，体质结实，结构匀称；头型清秀，颈细长，额平、狭窄；多数有角有髯，角灰色、较细、向侧后上方伸展呈倒"八"字形；鼻梁平直；耳窄、长，向前外侧方伸出；乳房大、发育良好，呈梨形；乳头均匀对称，少数母羊有副乳头。成年公羊体型较大，颈长，毛长而密，颈部皮肤无皱褶，少数有肉垂；躯体呈长方形，胸宽深，肋骨开张，背腰平直，尻略斜；四肢较长，蹄质坚硬，呈黑色；尾短尖；两侧睾丸发育对称，呈椭圆形。大足黑山羊具有耐寒耐旱、抗逆性强、耐粗放饲养管理和采食能力强等特点，适宜于广大山区（牧区）放牧和农区、半农半牧区圈养。大足黑山羊见图 2 - 13。

图 2 - 13  大足黑山羊

### （三）武隆板角山羊

**1. 武隆板角山羊的起源**

据《武隆县志》记载，武隆饲养山羊已有 1 500 多年的历史。武隆板角山羊产地山势陡峻、沟狭谷深，海拔 500 米以上；地势起伏很大，一般坡度在 25°以上；乌江水深流急，水源丰富。武隆板角山羊从海拔数百米的沟谷到 2 000 米以上的山坡都有分布，分布于边缘山地的体格最大、品质最好。武隆板角山羊具有体型大、长势快、产肉多、膻味轻、皮张面积大、皮张质量好等特点，且适应性强，自古以来为人们所喜爱。故此，武隆板角山羊的形成是人们长期选育和自然选择的结果。

从该品种集中产区的自然条件来看，都是交通闭塞的沟谷、山地，品种较为原始。武隆板角山羊是山区发展草食牲畜、以草换肉的重要山羊品种资源。20 世纪 70 年代，农业部、对外贸易部、中华全国供销合作总社把武隆区列为全国山羊板皮的生产基地之一，对外贸易部曾拨专款扶持。1978—1981 年，武隆区年平均养殖山羊 18 万只左右，出售板皮 5 万余张，向社会提供羊肉 100 余吨。

**2. 武隆板角山羊的产地环境及品种特性**

武隆区有草山草坡 173.64 万亩，其中可利用草地面积 154.9 万亩；分布广泛，主要分布于海拔 600～1 200 米的中山、低中山区，集中在羊角、巷口、桐梓、火炉 4 个片区及和顺、白马、大洞河等乡（镇）。草地类型分为 3 类 7 组 14 型。武隆区草地植被随地形、海拔、气候条件的变化而呈现出有规律性的分布。一般在丘陵、低山的为零星闲隙草地，交错分布于耕地间隙中，主要草本植物有荩草、芒、莠竹、鸡眼草、早熟禾、野豌豆等，平均亩产可利用鲜草 931 千克。在低中山和部分浅丘的主要是山地疏林草地类草地，以芒、白茅为优生植物，伴生黄茅、莠竹、地瓜、葛等，平均亩产可利用鲜草 713 千克。在中山以山地灌丛草地类草地和山地草丛草地类草地分布较多，主要植被有白茅、马唐、野古草、狼尾草、牛鞭草等，平均亩产可利用鲜草 757 千克。在海拔 1 400 米以上的地区主要是山地草丛草地类草地，主要草地植被有芒、白茅、黄茅、早熟禾、拂子茅、莠竹、荩草、葛、野豌豆、鸡眼草，平均亩产可利用鲜草 1 202 千克。高山灌木草地生长季节为 5—12 月，低山地带为 3—12 月。武隆区可供山羊采食的牧草有 200 多种，植被盖度 80%～90%，非常适宜发展草食牲畜。

武隆板角山羊（图 2-14）被毛粗硬无绒毛，多为白色，黑色个体较少。公羊、母羊均有角，角型宽大而扁长，向后两侧捻转弯曲或向左右两侧外展或向上伸出，头略长，两耳中等大小，平直稍向后方，鼻梁平直，额微圆突，眼褐色光亮。成年公羊、母羊都有胡须、体躯呈圆筒形，腰背平直，前低后高，臀部倾斜，肋骨开张，腹部较大；尾短，呈三角形；四肢粗壮、坚实有力；蹄质坚硬，呈淡黄色或灰褐色；各部匀称，结合良好。

图 2-14 武隆板角山羊

## 二、本地养法

在山羊主产区，依据其地形自然形成了放牧与圈养结合的半放牧养殖习惯；实现公羊、母羊"分户"饲养技术，小规模养殖专注于母羊饲养，注重提纯保种；独特的高床漏缝羊舍满足了山羊喜爱清洁的习性；山羊粪便为农作物提供了天然有机肥料，使得牧场草料丰富，实现了羊与自然和谐相处，为山羊养殖的可持续性发展提供强有力的保障。

### 1. 放牧饲养方式

放牧饲养方式在我国南方丘陵山区被广泛采用，主要依靠草山、草坡及灌丛为山羊提供营养物质。放牧饲养方式能发挥山羊合群性强、自由采食能力强和游走能力强的生物学特性；充分利用山地自然资源，尤其是采集人或其他家畜所不能利用的营养物质，使之物尽其用；增加饲养定额，降低生产成本，提高养羊业整体效益。但放牧饲养方式易造成草场管理权与使用权分离的矛盾，更易造成较好的草场过牧的情况；对牧草的利用率较低，也不利于牧场持久、有控制的利用，甚至对生态平衡会造成影响。

### 2. 拴系饲养方式

拴系饲养方式是浅丘农耕较发达区养羊的一种方式，也是山羊传统饲养方式之一；主要是利用沟渠路边、地头林下或滩涂山坡的零星草场，采取牵、拴、赶方法放牧羊只。此种方式能充分利用土地资源和农村剩余劳动力，主要优点是能做到公母分开放牧，但费工、费时，以及羊群对农作物有一定的破坏性。

**3. 围栏放牧方式**

围栏放牧方式是利用栅栏或天然围栏把羊群限制在一定范围内采食，减少羊群的运动量，比自由放牧提高牧草利用率15%，羊只增重10%～30%。完备的围栏放牧方式一般在草场上设有饮水、补料和敞棚等设施；也可在围栏边缘较好地块种植牧草或玉米等，定期开放或逐步开放，以起到补充效果。这种方式适合在南方局部有良好草地条件的区域采用，但丘陵山区不宜

**4. 分区轮牧方式**

分区轮牧方式又称划区轮牧，是把草地或荒山草坡分成若干区域，按羊只的用途和草地状况，供羊群轮回放牧、逐区采食，并保持经常有一个或几个区域的牧草处于休养状态。这是合理利用草地的一种科学的放牧制度，比自由放牧可提高牧草利用率25%，提高羊只增重15%～50%。

**5. 放牧和补饲方式**

单纯地依靠天然草场或人工草地进行放牧，很难满足羊只的生长发育需要，尤其是对羔羊、妊娠母羊、哺乳母羊、配种期的公羊和育肥羊更是如此。因此，在每天放牧回圈后，可对这些羊群进行补饲，最好是能补充一些精料。这是目前肉羊生产中被广泛推广的饲养方式。

**6. 全舍（圈养）方式**

山羊放牧饲养会对生态环境造成破坏是限制山羊饲养的瓶颈。传统以放牧为主的山羊饲养中，野交滥配使良种资源保护及品种改良计划无法有效执行。随着放牧饲养规模的扩大，生产管理和疾病防治变得复杂、困难，无法进行有效的个体监管，对山羊的采食摄入量无法进行定量和控制，难以实施标准化、精细化饲养管理。因此，全舍饲（圈养）方式（图2-15）。就成为现代规模化山羊生产中重要的饲养方式。但是，这种方式会影响山羊生物学特性的表现，羊群健康状况差、发病率高；另外，这种方式所需的投入大、生产成本高。

图2-15　全舍饲（圈养）养殖方式

## 三、本地吃法

### 1. 羊肉格格

羊肉起初皆以砂锅、陶罐、鼎罐炖而食之。直至三国时期（公元221年），蜀汉昭烈帝刘备为了给关羽报仇，屯重兵于古万州天生城，并亲自率13余万蜀军出征讨伐东吴，准备发动夷陵之战。孤峰突起、独径通天、雄关如铁的天生城四方悬崖峭立如壁，仅寨门一线可通，真是一夫当关、万夫莫开。蜀军纪律严明。为了不扰民，刘备下令，寨门外一切食物、用品、用具皆不得掠用。蜀军缺锅、缺罐、缺鼎，于是就地取竹子编制成蒸笼，再拌上杂粮蒸羊肉食之，缓解了燃眉之急。后来，聪明勤劳的万州人广泛地采用这种方法烹制羊肉；经过1 780余年的改良和发展，最终形成了今天独具特色的羊肉格格。

羊肉格格（图2-16）主要以羊肉为主料，出盘时加上香菜；味型有麻辣、微辣、咸鲜、

图2-16　羊肉格格

42

回甜等；其中，羊肉首选渝巴山区的山羊肉。羊肉格格在餐馆临街烹饪，层层叠叠置于蒸台上，清雾缭绕、香气四溢，香辣适口、醇和厚道，鲜而不腻、嫩而不膻，多吃不上火、拌酒下饭总相宜。令人馋相顿生，吃后吮指难忘。

**2. 碗碗羊肉**

碗碗羊肉是发源于重庆市武隆区羊角镇的传统名小吃。羊肉首选武隆区白马山、仙女山高寒山区无公害、无污染、绿色环保天然牧场的优质本地山羊肉。其肉质鲜嫩，色泽鲜红，高蛋白低脂肪，富含多种氨基酸和大量维生素，胆固醇含量低，能御寒、补虚、防病，属肉中珍品。

碗碗羊肉（图 2-17）是从羊肉汤锅演变而来。首先，将带皮的鲜羊肉（正宗的武隆碗碗羊肉必须是带皮羊肉）煮熟捞出切片；然后，用羊骨、姜、蒜和秘制香料熬汤；继而，用羊油、豆瓣、花椒、辣椒和其他香料炒料；最后，将熬好的汤和炒的料加上切好的羊肉混合，煮一锅汤锅，待食客来之后盛上一碗。这便是正宗的碗碗羊肉。

图 2-17 碗碗羊肉

**3. 黑溪羊扣**

黑溪镇胜地社区距黔江城区 40 千米，素有黔江"西大门"之称，是黔江区的边贸集镇之一。黑溪镇距离城区较近，交通方便，利于养殖牲畜的输出。传统的扣肉多以猪肉为主，而黑溪人发明了用羊肉做成的扣肉，带火了这个镇子。如今，黑溪羊扣不仅声名远扬，而且被评为非物质文化遗产，成为黑溪镇胜地社区居民谋生和发家致富的一道特色产业。

黑溪羊扣（图2-18）采用黑溪镇向氏、李氏等家族传统的羊肉制作技艺，以山地散养黑山羊肉为主材，辅以花椒、生姜、橘叶等佐料，按选、煮、剔、装、蒸等工序制作而成。山羊宰杀后，顺肌肢解成羊肉大块，用当地特殊香料去膻味后，放入锅里与佐料一起烹饪，至八分熟时捞出切成厚薄均匀的肉片，再将羊肉片整齐码入

图2-18　黑溪羊扣

陶碗，背朝碗底、上覆垫菜（一般为切细的盐菜），置于蒸锅里蒸到全熟，即可端出翻食。山地散养黑山羊肉肉质细腻、膻味轻、脂肪含量低、肌肉弹性好、营养丰富；羊扣肉色鲜亮、厚薄均匀、肥瘦适宜、肉质紧实、香味浓郁，较之炖、烤、涮等食法别有一番风味，是近悦远来的一道美食。

# 第四节　长毛兔

重庆市长毛兔主要养殖区域是石柱土家族自治县。1983年，石柱县更名为石柱土家族自治县，石柱土家族自治县县委、县人民政府从县情出发，科学决策，调整农村产业结构，大力发展以长毛兔为主体的节粮型畜牧业。长毛兔成为石柱土家族自治县人民政府的增收工程，是农民的摇钱树和农民看重的宝贝。2013年，全县60%以上农户养殖长毛兔，年存栏量一直保持在250多万只，年产值达3亿。

## 一、本地品种

重庆市本地的家兔品种仅有石柱长毛兔。

**1. 石柱长毛兔的起源**

石柱长毛兔为地理标志产品。石柱长毛兔是德系长毛兔与上海嘉定长毛兔、浙江巨高长毛兔等品系杂交后，经过6世代纯种选育培育出的具有重庆地方特色的长毛兔新品系。2012年，经商标局核准，"石柱长毛兔"正式注册为地理标志商标。

**2. 石柱长毛兔的产地环境及品种特性**

石柱长毛兔主产区位于石柱土家族自治县境内，辐射区域涵盖重庆市万州区、忠县、丰都、彭水及湖北省利川等毗邻区域。石柱土家族自治县属亚热带欠湿润季风环流气候，气候温和、雨量充沛，年平均气温为16.4℃，发展长毛兔产业具有得天独厚的优势；草地资源丰富，石柱土家族自治县的天然草场面积9.28万公顷。当地自然环境适宜多种优质牧草的种植，现有牧草品种140多种，其中种植黑麦草、红三叶、白三叶、苜蓿等优质牧草0.33万公顷。

石柱长毛兔（图2-19）的头呈虎头形；耳大直立，耳尖一撮毛；眼球较大，单眼视野190°，眼球粉红色；体躯微曲呈弓形，颈肩结合良好，与躯体协调；背腰平直，腹大于胸，臀部丰满；四肢强壮有力，肢体端正，趾一跖形成伏卧状，行走自如；被毛丰厚，分布均匀，粗毛外露，毛丛结构良好。公兔体质

图2-19　石柱长毛兔

健壮，性情活泼，反应迅捷；母兔面貌清秀、性情温驯。体型中等，产毛量高，适应性强，料毛比低，养殖效益高。所产兔毛具有长、松、白、净等特点。兔毛生长速度快，粗毛含量高，毛丛结构好，不缠结。兔毛颜色

雪白，手感柔和，深受各地客商喜爱。长毛兔适宜的环境温度为 5～
25℃；气温超过 30℃时，采食量减少，产毛量下降；气温 0℃以下时，
营养消耗多，也影响产毛量。

## 二、本地养法

自农村改革以来，经过 20 多年，石柱土家族自治县以发展长毛兔为
主体的节粮型畜牧业，从无到有，从零星养殖到规模生产，从集约化经营
到产业化推进，逐步崛起。传统的肉兔饲养方式包括放养、圈养和窑养，
得益于重庆独特的地理环境，放养和圈养被广泛应用。

### 1. 放养

将兔群长期置于野外放牧饲养，任其自由活动、采食及繁殖。这是一
种粗放的饲养方式。放养的优点是节省劳动力和饲料成本，牧草新鲜，兔
群采食自由、运动充足，兔的生长和繁殖都快；缺点是交配无法控制，容
易因近亲繁殖而使品种退化，且易遭受兽害。放养的方式，以适应性和抗
病力较强的地方品种兔或商品肉兔为宜。

### 2. 圈养

在室外空地或空房中，将兔群圈起来饲养。这种饲养方式以饲养幼兔
及育肥兔为宜。其优点是节省人力物力、容易管理，兔子运动充足、生长
发育快。其缺点是交配混乱，不易控制早配、近亲交配的发生，也易发生
咬架斗殴；圈内卫生不好打扫，一旦发生疫病，传染迅速，危害严重。因
此，需实行分群饲养，一般每圈养幼兔 30 只或青年兔 20 只为宜。室内地
面应铺漏粪板，使粪便能漏下去，以保持地面干净卫生；或者铺垫草，每
隔 3～5 天换草一次，每天清扫、定期消毒。

## 三、本地吃法

璧山兔以其多样的种类和独特的风味闻名，其中丁家兔最具代表性，
拥有 280 多年历史。丁家兔以其麻辣咸鲜、回甜的口感和绿色纯天然的原
材料而著称，采用兔血流放方式保持肉质鲜嫩，并以璧山七星红椒为主

料。除了丁家兔，璧山还有唐兔、财兔、家福玉兔等品牌。璧山开发了包括"璧山板兔"在内的 20 多种兔肉系列产品，其中"璧山板兔"连续三届被评为重庆市名牌农产品，而"关公兔丁"和"巧媳妇兔丝"则是西南地区知名品牌。璧山人还创制了酸汤兔、火锅兔、烧烤兔、炒兔丝等 60 多道兔肉美食。

图 2-20　璧山兔

# 第五节　山　地　鸡

## 一、本地品种

### （一）南川鸡

#### 1. 南川鸡的起源

南川鸡饲养具有悠久的历史。据《南川县志》记载："清朝初年间，婚后头胎生育，主人必办'月米酒'（生小孩后 7 天左右），亲友俱送鸡、蛋及婴儿鞋袜等祝贺。"此民间习俗延续至今。由于野放觅食，食料以玉米、稻谷、杂粮、青草和虫子为主，南川鸡为体格较小、肌肉强健、肉香味美、蛋肉兼用的乌皮乌脚系地方鸡种和白皮粉脚系地方鸡种。2006 年 6 月，重庆市农业局根据国务院《种畜禽管理条例》，颁发了"南川鸡"畜禽新品种（配套系）证书（渝 09 新品种字第 03 号）。

重庆市南川区位于重庆市东南部、大娄山西北侧，东经106°54′—107°27′、北纬28°46′—29°30′，境内多山地。地势由中山、低山两大地貌构成，呈东南向西北倾斜，并以雷石公路为界，南属中山地貌，北属低山地貌，沿线为低山漕坝地带。区内多数地方海拔在500～800米，境内海拔最高点金佛山风吹岭为2 251米；海拔最低点骑龙鱼跳岩为340米。境内河流呈树枝状分布全境，河谷狭窄，沿途多险滩急流。南川区气候属亚热带季风气候，年均降水量1 185毫米，相对湿度80%，年均气温16.6 ℃，年均日照时数1 273小时，年均无霜期308天；因其复杂的地形条件形成了多变的气候，适宜于牧草和农作物生长，为南川鸡的形成和养殖提供了优越的自然环境和经济环境。本地农户常以微量放牧饲养的方式饲养；选留公鸡冠大而红、体型适中、肌肉结实、生长速度快；选留母鸡冠小、结构紧凑、产蛋量高；选留市场欢迎的黄羽或黄麻羽的鸡；通过长久的自然选育和当地农户的自繁自养，形成了耐粗饲、抗逆性强、肉质鲜美的重庆优质地方鸡种——南川鸡。

### 2. 南川鸡的产地环境及品种特性

南川区位于重庆东南部，地处四川盆地东南边缘与云贵高原的过渡地带；这里的地形复杂多变，以山地和丘陵为主，地势起伏较大，海拔从340米至2 251米不等，形成了独特的立体气候。这种多变的地形和气候条件为南川鸡提供了丰富的食物资源和适宜的生长环境。南川区气候温和湿润，四季分明，雨量充沛，年均气温16 ℃左右，年均降水量超过1 200毫米，这样的气候条件有利于动植物的生长，也为南川鸡提供了良好的生长条件。此外，生态环境优良，森林覆盖率达47%。优越的地理气候条件，丰沛的降水，广阔的山地资源，孕育了境内丰富多样的植被和农作物，为南川鸡的生长繁衍提供了理想的环境。

南川鸡（图2-21）体型中等，行动矫健，善飞翔。公鸡体型相对较高大且结实；羽毛紧凑，以红黑色羽色为主，颈羽金黄发亮、鲜艳、带金属光泽，主、副翼羽和尾羽均为黑色；喙青黑色；脸红色；冠中等大，6～7齿；髯大而宽，红润雄壮；白皮肤为主，乌皮为辅；胫细长，有青色和粉色。母鸡体型较小，肌肉结实；羽毛松，羽色以金黄和红黄为主；尾羽尖且呈楔形，显黄色或黑色；喙青黑色；脸红色；冠小浅；白皮肤为主，乌皮为辅；胫细短，有青色和粉色。

图 2-21 南川鸡

### （二）城口山地鸡

#### 1. 城口山地鸡的起源

城口山地鸡形成历史悠久。据《城口县志》记载："城口建制于秦……境内家禽饲养历来以鸡为主，鸡群结构以本地土鸡中居之。"清道光甲辰年（1844 年）的《城口厅志》第十八卷物产志载有土鸡的功用、习性、特点、肉质风味等内容。山大沟深，产区封闭。农人一是靠养鸡挣油盐钱，二是喜食鸡肉，有"无鸡不成席"之说；老、弱、孕体常以母鸡炖汤补养，亦有以土鸡馈赠亲友之习。

#### 2. 城口山地鸡的产地环境及品种特性

城口县为北亚热带湿润性季风气候区，四季分明，气候温和，雨量充沛，日照较足，有国家级大巴山自然保护区；地处秦巴山区富锌富硒地带，林地资源丰富，构成了独特的自然地理环境。当地农户居住地周边都有大片荒山草场，有大量天然青饲料和昆虫等动物性饲料供鸡啄食，配合部分粮食喂养，为培育城口山地鸡创造了条件。

城口山地鸡成年公鸡（图 2-22）羽毛黝黑发亮，尾羽上翘微弯，少量梳羽、蓑羽夹有火红花羽头大小适中，虹彩为铜黄色，冠尖 9~13 个，冠、耳叶、肉垂均为红色；成年母鸡头小清秀，背腰较平直，臀部丰满，冠尖7～11个，相对较浅，冠、耳叶、肉垂以红色为主，虹彩为铜黄色。其鸡肉质紧实细嫩，肉味鲜美，汤汁醇厚，营养丰富；具有高蛋白、低脂肪、滋补性强的特点；蛋清较稠，蛋黄色深。

图 2-22　城口山地鸡成年公鸡

## 二、本地养法

重庆市地处中国西南部、长江上游地区，其北部、东部及南部分别有大巴山、巫山、武陵山、大娄山环绕；地貌以丘陵、山地为主，坡地面积较大，有"山城"之称。因此，鸡的养殖方式以林下养殖、散养为主，利用林地和房屋前后空地，让鸡自由觅食，早晚补以少量的玉米、小米、稻谷和其他杂粮。

### 1. 场地选址

山地鸡饲养周期一般较长，育雏后限制饲喂在有充裕自由觅食空间的场地，中后期放养于疏林地、果园、草山草坡中。场地周围1千米应无工业"三废"污染，离公路、村镇（居民聚居区）、工厂、学校和其他养殖场500米以上，避开饮用水源保护区、人口密集区等环境敏感地区，符合环境保护和动物防疫条件要求。放牧场地可选择林地、果园、农田等，地势相对平坦，有一定坡度，绿色植物较多，有一定量的草、虫；围网护群用铁丝网或尼龙网围护，高于 1.5 米。

**2. 饲养管理**

（1）育雏期饲养管理　雏鸡在出壳后 20～36 小时内初饮，在水中加葡萄糖、多维素等，饮水要清洁、充足。初饮后 2 小时，在大部分雏鸡有食欲时再开食；开食料为破碎的雏鸡配合饲料，应少加多餐。育雏期内饲喂雏鸡专用饲料，1 周内每天饲喂 6 次，1 周后随着日龄增加可适当减少日饲喂次数；鸡舍内适当通风换气，无刺鼻气味，防止贼风。断喙时间在雏鸡出壳后 6～10 天进行，用断喙器进行精确断喙。在断喙前后要补充适量的多种维生素和抗生素，以减少应激反应。根据日龄及鸡体质强弱进行分群，每群以 200～300 只为宜。

（2）育成及育肥期饲养管理　育成及育肥期的地面平养密度为每平方米饲养 10～14 只，并按个体大小进行分群饲养；7 周龄至上市为育成育肥期，以放养为主。放养是指白天在山林、荒坡、闲田等适宜放养场地自由觅食虫、草，晚上收归鸡舍，适时适量补喂饲料来满足营养需求的生产方式，实行分片轮牧放养。开始放养日龄一般夏季 35 日龄，春秋季 45 日龄，冬季 50～60 日龄。从育雏舍转往放养场地的转群时间，宜选在春季当地日平均气温在 15 ℃以上时；至秋后霜冻前当地日平均气温低于 15 ℃时，停止放养。一次性放养低于 100 只/亩，长期放养 20～30 只/亩。补料是为补充放养时自由采食不足，根据鸡的日龄、生长发育、林地草地类型、天气情况，决定补料次数、时间、类型、营养浓度和补料数量。

**3. 防疫和免疫程序**

（1）防疫　生产区门口和鸡舍门口建造消毒池，鸡舍门口设洗手池，池内放置消毒药液，每周更换 2～3 次；禁止闲杂人员进入生产区，工作人员应先更衣消毒，再进入鸡舍。鸡场应定期进行带鸡消毒、场地消毒；周边养殖场发生疫情时，增加带鸡消毒、场地消毒次数，每隔 1～2 天消毒。

（2）免疫程序　不能因为林地放养时，与其他养殖场相隔离、空气流通好、污染较少而忽视防疫,同样要制定科学的免疫程序。具体免疫程序为:雏鸡1日龄注射马立克疫苗,5日龄用新城疫Ⅱ系加传支H120滴鼻,14日龄法氏囊疫苗2倍量饮水,25日龄注射新城疫油剂疫苗,45日龄法氏囊疫苗2倍量饮水。实施每批鸡群综合免疫,采取全进全出的饲养方式,每批鸡出售后彻底消毒。对清理出的鸡粪集中消毒处理。

**4. 防止鸟害和鼠害**

控制鸟和鼠进入鸡舍,饲养场院内和鸡舍经常投放诱饵灭鼠和灭蝇。鸡舍诱饵注意投放在鸡群不易接触的地方。养狗、养鹅可驱赶兽类。

## 三、本地吃法

**1. 泉水鸡**

20世纪80年代中期,南山人以种花为主。一位叫李仁和的村民除了种花、蔬菜之外,还开了个"幺店子"(重庆方言,意即食店),以供南来北往的旅客填饱肚子。因食店后院有一口深井,水源自山泉,早期遂取名"泉水食店"。1993年的一天,在与朋友闲聊鸡的吃法时,他试着从笼里抓出一只土鸡公,宰杀洗净后切成小块,撒上盐、姜末,和着八成热的一斤菜籽油酥炸几分钟后,倒出部分菜油,加入一定比例的泉水和事先已酥制好的花椒、干辣椒、大蒜、豆豉、冰糖等十多种佐料继续炒、煨,约20分钟起锅完成。为了将菜与店址绑定,李仁和干脆取店名为菜名,就此,一道具有麻、辣、烫、鲜、香、嫩的菜品——泉水鸡问世了;后因其店面为木结构,来吃饭的顾客常称为"木楼泉水鸡"。随着来品尝泉水鸡的食客越来越多,"木楼泉水鸡"的名头被叫响了,便将店名也更名为"木楼泉水鸡"。这家店就是泉水鸡的发源地。再往后,附近村民看着上山吃鸡的顾客络绎不绝,也争相效仿开泉水鸡店,发展出泉水鸡一条街。

现在吃泉水鸡,一般有3种吃法,俗称"一鸡三吃";除了前面讲的一种外,还有泡椒(青椒)炒鸡杂、鸡血清汤。2001年,泉水鸡(图2-23)被原国家内贸部评为"中国名菜";2003年,又被评为"全国绿色餐饮菜品"。泉水鸡是近年来在川渝地区流行的新派菜之一，香辣可口、回味无穷。为了更好地推广泉水鸡文化，重庆市南岸区政府每年出资举办"南岸泉水鸡文化节"。

图 2-23　泉水鸡

**2. 辣子鸡**

此菜用料特别讲究，主料一定选用家养土仔公鸡现杀现烹，以保持鲜嫩肥美；辅料非川产上等辣椒、川产茂汶大红袍花椒不用。这样烹出的菜品，香气四溢、诱人食欲、麻辣酥香、鲜嫩化渣。别看辣子鸡的做法说起来很容易，但是做起来很考验厨师的功力，尤其是对火候的把握。上乘的辣子鸡必须色泽鲜艳，鸡块与辣椒交相辉映、不能发黑；且鸡块必须入口酥脆、带有干辣椒过油的清香，甜咸适口；火候非常难掌握，可以说是"多一分则焦，少一分则不熟"。

以大盘盛菜，辣椒多于鸡肉，食客需在满盘红亮的辣椒中轻挑慢选是它的突出特征。辣子鸡（图 2-24）是重庆菜中的大哥大。辣子鸡问世，带出一大批菜肴，形成辣子系列菜，如辣子田螺、辣子肥肠、辣子蹄花、辣子鱼丁、辣子竹虾。

图 2-24　辣子鸡

### 3. 重庆烧鸡公

重庆烧鸡公最先出自重庆的璧山区。据说是一帮司机出一趟长途车，走到一个前不着村、后不着店的地方。司机们已是饥肠辘辘，好不容易看见一家餐馆，上前一问老板都闭店了，什么也没有了；说尽好话，老板只好将自己养的鸡宰了，又加了大量的辣椒、香料，和剩余的火锅底料一起烧。没想到这一烧，就烧出了一道名菜，从此风靡川渝两地。

重庆烧鸡公（图 2 - 25）是重庆市特别出名的一道菜，主要

图 2 - 25　重庆烧鸡公

材料是大公鸡、豆瓣酱、蜂蜜；辅料有干辣椒、花椒、丁香、肉桂、生芝麻、姜丝若干，及香油、蒸酱。其有温中益气、补精添髓、补虚益智的功效。

### 4. 陈有良尖椒鸡

陈有良尖椒鸡是重庆一道老字号美食地标江湖菜。鸡肉味道鲜美纯正，营养丰富。相传清朝年间，陈氏先祖在当年的江津县九龙铺老街，开办三元栈饭店。时任四川总督的赵尔丰视察重庆府，途经时品尝店中"爆炒海椒鸡"后，赞曰"真美味也。"

1983 年，在铜罐驿码头当搬运工人的陈有良回到老家重操祖业，开办三元饭店。他和妻子江相成一起在继承传统的基础上，结合现代人的口味对爆炒海椒鸡加以改良，开发出以"麻、辣、嫩"为特点的下饭菜尖椒鸡，一经推出便受到众多食客的追捧。一大盆绿油油的辣椒青翠欲滴、辣气袭人，花椒麻香四溢、沁人心脾。夹杂其间的鸡肉鲜嫩可口；在尖椒堆里抇鸡，往往令食客垂涎欲滴、停不下筷子。

而今，陈有良尖椒鸡（图 2 - 26）已成为江津最具特色的富硒美食之一。菜品被《中国美食地理》《味道江津》推荐，获"江津区非物质文化遗产传承技艺""重庆老字号"等荣誉。

图 2-26 陈有良尖椒鸡

# 第六节　鸭

## 一、本地品种

### 1. 梁平肉鸭的起源

梁平区有饲养水禽的传统。早在唐朝，肉鸭养殖就是农民的主要养殖活动之一。1949—1992 年，梁平肉鸭以农户散养为主，养殖量常年维持在 50 万～150 万只。1992—2015 年，梁平肉鸭被列入当地的"十五""十一五""十二五""十三五"农业农村发展规划。1992 年，梁平县被列为四川省水禽基地县，水禽饲养量的发展突飞猛进；至 1995 年，梁平县水禽饲养量达 500 万只。2005 年，重庆市发展和改革委员会从市级资金中拨款 100 万，建设肉鸭良种繁育体系，水禽饲养量达到历史最高。2006 年，出栏水禽 1 000 万只，其中肉鸭出栏 812 万只。至 2017 年，共建成梁平肉鸭良繁中心 1 个、良种扩繁场 8 个，新建、扩建标准化规模养殖场和养殖小区 653 个，规模养殖户 2 896 户，建成梁平肉鸭生产基地乡（镇）22 个。已形成 1 000 万只稻—鸭混养基地，梁平区规模养殖比重达 59.6%，梁平肉鸭年出栏量稳定在 700 万～1 200 万只。

### 2. 梁平肉鸭的产地环境及品种特性

由于地质构造、地层分布和岩性的控制，以及受水文作用的影响，梁平区呈现"三山五岭，两槽一坝，丘陵起伏，六水外流"的自然景观，形成以山区为主，山、丘、坝兼有的特殊地貌。境内有东山、西山和中山，均呈北东走向，平行排列、互不衔接。丘陵区土壤为红棕紫泥土，平坝土壤为水稻土，低山区土壤为山地黄壤土。土壤 pH 6.0～7.5，土壤中氮、磷、钾含量丰富，肥力中等偏上。梁平区处于长江干流与嘉陵江支流渠河的分水岭上，地势高于四周，为邻县溪河发源地，过境客水量极少。区内主要河流有高滩河、波漩河、新盛河、普里河、汝溪河、黄金河 6 条，支流 384 条，全长 809 千米。全流域水质清澈，无大型污染源。梁平区属于四川盆地东部暖湿亚热带气候区域；季风气候显著，四季分明，气候温暖，雨量充沛，日照偏少；春季气温不稳定，初夏多阴雨，盛夏炎热多伏旱，秋多绵雨，冬季暖和；无霜期较长，湿度大，云雾多；常年平均气温 16.6 ℃，年均相对湿度为 83%，常年平均日照为 1 336 小时，适宜养殖鸭禽。

梁平肉鸭（图 2-27）的蛋白质含量高、脂肪低，且富含人体必需的氨基酸、脂肪酸和矿物元素，集营养、保健、养生于一体，是优质的肉类食品。加工成的卤烤鸭，肉质细嫩、味香不腻、色泽鲜美。梁平肉鸭由北京肉鸭与四川麻鸭杂交而成，背毛黑白分明，俗称"花边鸭"。梁平肉鸭体型大，呈长方形。公鸭头大，眼圆，喙中等长、较宽厚、呈橘黄色；颈粗稍短，胸部丰满；腹部深广、前胸高举，后腹稍向后倾斜并与地面约呈 30°；翅较小，尾短而上翘；腿短而有力，胫、蹼呈橘红色。母鸭腹部丰满，腿短粗，蹼实厚，羽毛丰满。在一般饲养条件下，梁平肉鸭 50 日龄活重可达 3.0 千克左右；半净膛屠宰率公鸭为 86%，母鸭为 87%；全净膛屠宰率公鸭为 76%，母鸭为 77%。

图 2-27 梁平肉鸭

## 二、本地养法

重庆市作为一座山城，拥有丰富的山林、水田及池塘。因此，生态养鸭的方法在农村被广泛应用。

### 1. 林下放养

鸭的放养，可利用林地、果园、荒山荒坡、农田、河堤、滩涂等丰富的自然资源，根据不同区、县自然环境的特点和特性，并充分利用林地昆虫、小动物及杂草等自然的动植物饲料资源，通过围网放养结合圈养或棚养的方式进行。在饲养过程中实行舍养和放养相结合，使鸭可以自由采食林地中生长的原生饲料，严格限制饲料添加剂、化学药品及抗生素的使用，以提高鸭蛋、鸭肉风味和品质，生产出更加优质、安全的无公害的畜产品。林下放养也需要定期进行防疫工作，采取科学合理的防疫措施，确保鸭群的健康。

### 2. 稻田养鸭

在稻田插完秧、待秧苗活后，将鸭放入稻田里。利用雏鸭的杂食性，由鸭吃掉稻田里的杂草和害虫达到节约鸭饲料的供给，提高鸭产品肉质的质量。同时，鸭在稻田内不断活动，刺激水稻分蘖，达到中耕增氧作用；

并利用鸭粪作为高效有机肥料，减少和不使用无机化肥和农药，从而降低成本。由此，生产出绿色、无公害、无农药和无残留的安全、绿色、优质大米和肉鸭。

在稻田插秧后，7～10天开始放鸭；放养的密度视鸭的品种、个体大小而定，一般为每亩15～20只。将雏鸭放入田边简易鸭棚前，在鸭棚的田角上围10～20平方米初放区；鸭在初放区饲养2～3天后，再打开初放区网门放入大田活动。为了满足初期雏鸭对青饲料的需求，可在稻田中投放些细绿萍。

把鸭放入稻田之后，除去田间杂草、除去田间害虫、中耕及施肥等工作全部由鸭子来完成，人要做的事就是每天定时喂鸭补料。21日龄内，每天需要补给雏鸭全价饲料2～3次；21日龄后，根据情况每日或隔日补一些成鸭配合饲料，也可补充一些农副产品的下脚料，如细稻糠、麦麸等。在喂鸭时，若田地面积大、呼喊鸭非常费力气，可采用声响驯化；驯化成功后，只要敲击声响，鸭会迅速地向饲喂处集中。

由于鸭喜欢吃成熟的稻穗，当水稻开始抽穗灌浆时，就要将鸭从稻田里收回；把鸭从稻田赶上田地一角的鸭棚，肉鸭做短期的育肥即可出售。

### 3. 鱼鸭混养

鱼鸭混养是指水上养鸭、水下养鱼的立体养殖模式；利用肉鸭排放的粪便作为鱼饲料，既降低养鱼成本，又解决畜禽粪便污染问题。在这种模式下又分3种方式，一种是在一个养鱼的池塘上面，放入鸭子进行散养；还有一种，就是在池塘的周围放养一群鸭子；最后一种，就是直接在鱼塘里隔出鸭舍进行直接混养。

### 4. 湿地养鸭

在拥有广阔湿地环境的区、县，可以因地制宜利用湿地养鸭，以降低成本、增加收益。湿地养殖区要求远离村庄、工矿区，自然环境优良，无污染，蓄水方便，水草资源、底栖生物丰富，淤泥层薄（厚度小于10厘米），无凶猛动物类等。可用网圈出适宜的养殖区域，对鸭进行放养。例如，芦苇养殖，既可给鸭提供新鲜的青绿饲料，又可增加当地植被覆盖率。养殖过程中不用药物，基本不换水；但水质恶化或者暴雨天要及时调水或加水，换水量视具体情况而定。在生产中严格按照无公害控制技术操作，不使用农药和激素类物质。

### 三、本地吃法

#### 1. 糯米鸭

糯米鸭（图 2-28）是重庆市江北区一道地标名菜，制作原料主要是鸭、糯米、盐、酱油、花椒粉等，可根据爱好添加花生仁、香菇等配料。该款菜品肉质细腻、表皮酥脆，回味无穷，口感良好，营养丰富。糯米鸭又叫糯米八宝鸭，是重庆地区的特色传统名馔，曾为清代宫廷名菜。据乾隆三十年正月的《江南节次照常膳底档》记载，"正月二十五日，苏州织造普福进糯米鸭子，万年春炖肉，春笋糟鸡，燕窝鸡丝。"其中，糯米鸭是当时川渝地区最著名的传统名菜。清《调鼎集》和《桐桥倚棹录》都记载了"糯米鸭"一菜及其制法。

图 2-28　糯米鸭

制作：将光鸭洗干净（外皮要保持完整无损），然后从头到腿，将鸭骨全部剔除待用；糯米洗干净，浸泡 10 小时左右；35 克鸡蛋洗净煮熟去壳切丁留用；冬菇、火腿、猪肉、净冬笋均切丁。将冬菇丁、火腿丁、熟鸡蛋丁、猪肉丁、莲子一同放入热油锅中煸炒，加精盐、味精炒好，晾凉与紫糯米和花生米一同拌匀，装入鸭腹内，使之成葫芦形。将装好的鸭子放入盘子中上笼使用旺火蒸 3 小时左右，待熟烂时出锅，趁热抹一层蜂蜜待用。炒锅上火,倒入花生油烧至七成热时,将鸭子放入,炸至呈茶黄色时,捞出沥油,涂上一层香油,装盘上桌。

**2. 酉阳魔芋鸭**

酉阳魔芋鸭(图2-29)是一道重庆市酉阳土家族苗族自治县地标名菜,由魔芋与鸭子烧制而成;成菜色泽红亮,魔芋软嫩细腻,鸭肉肥酥,滋味咸中带鲜,辣而有香。酉阳土家族苗族自治县,位于武陵山腹地、渝、鄂、湘、黔四省交界处,素有"渝东南门户、湘黔咽喉"之称。这里林木翁郁、山环水绕,独特优越的地理位置带来了丰富的食材,亦融合了四省独特的味道。

图2-29　酉阳魔芋鸭

用一道菜,记一座城;在吃之法则里,人类的味觉审美是共通的。不同食材用偶遇与碰撞,创造裂变性奇观。若让味觉打分,那魔芋和鸭的搭配,令人叫绝。山的味道、土地的味道汇织成了时间的味道、故乡的味道。酉阳特产麻旺鸭和本地高山魔芋正走出一条自己的路子,助力美食产业的蓬勃发展,正打造一张独属于酉阳的文旅新名片。

酉阳魔芋鸭的主料魔芋需以古法手工制作,不能过厚,要切大却不能坏形。魔芋与豆瓣酱、泡姜、泡萝卜一同入锅,再加麻旺鸭,共同享受柴火铁锅的慢温细煮;待鸭肉香味被激发,再加一点尾子酒。尾子酒是制酒剩的末尾的酒,酒味不重,主要是为增香。两个小时的炖煮需给足了耐心,给足魔芋和鸭子蜕变的时间。柔软筋道的魔芋配上鲜香麻辣的鸭肉,一口唇齿留香;但凡食客尝了,3个评价总少不了——鸭肉很细腻,魔芋很入味,很下饭。

### 3. 白市驿板鸭

据《巴县志》卷十二中记载:"至乡镇间小工业,四十年前……白市驿之熏鸭,木洞镇、冷水乡之糖果,岁各货数千金,皆手工业也……"以此推算,白市驿熏制板鸭迄今至少已有120多年的历史。作为成渝古道的第一驿站,白市驿商旅行客往来不绝,为白市驿板鸭扬名提供重要条件。经过传承和发展,在20世纪80年代,白市驿板鸭(图2-30)已与北京烤鸭、南京盐水鸭并称为中国三大名鸭。传统的白市驿板鸭制作工序十分讲究,加工技艺主要是"相、屠、划、腌、绷、烘、熏"。成型后的白市驿板鸭外表特色鲜明;有2块20厘米长的竹片交叉支在鸭子的锁骨至腿部,使其"干绷"。其状如蒲扇、色泽金黄、香味馥郁、肉质鲜美,堪称色、香、味、型俱全,令往来食客们欲罢不能。

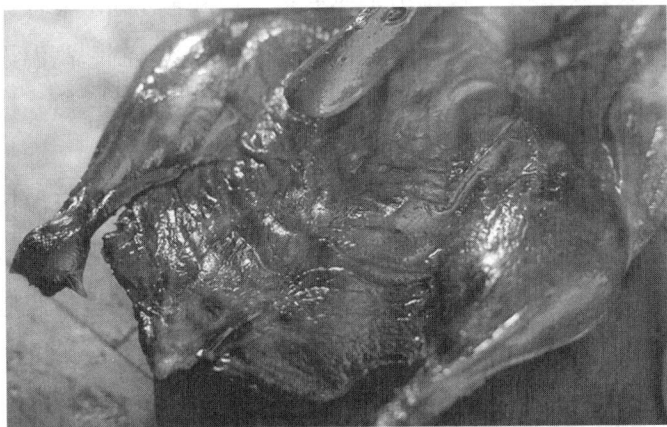

图2-30 白市驿板鸭

### 4. 梁平张鸭子

"张鸭子"创建者张兴海(1921年生)自幼好水、喜鸭,爱做鸭肴美食;早年随其义父张良俊在万州太白岩设店开铺卤烧腊,品种只限动物肉类。中华人民共和国成立以后,张兴海回到原梁山县,定居于西中街"三关殿"处。他继承其义父卤制技术的同时,开始研究卤鸭料方及技术;在传统烧腊卤制的基础上,着手研究以鸭子为主的禽类卤制。他精心调制方剂、反复试制,终于在1953年成功研制出具有独特卤香味的卤烤鸭,即张鸭子烧腊。此后,以主人姓氏命名的"张鸭子"声名鹊起,闻名州县。

1976年2月，张兴海将店迁至梁平县梁山镇大河坝街318国道线要道处，扩大了经营规模，修建了卤烤鸭小作坊；同年8月，在开发卤鸭系列产品23年的技术总结和秘方研究基础之上，张兴海再次调整卤味配方，由原来的28味名贵卤料增加到36味名贵卤料，着重研究提升产品味道，再次成功创制出独特卤烤鸭系列，成为巴渝地方名特小吃。

1992年6月，张兴海借改革开放之势，进一步拓展经营思路，在梁山镇大河坝街138号扩建了生产厂房，盖了张鸭子大酒楼，再次扩大了生产加工卤制鸭场地和餐饮营业面积。因而进一步扩大了影响，"张鸭子"品牌影响力逐步扩大至湖北省。

1996年，梁平张鸭子由张恒琼承接（属第三代传承人）。在其夫刘昌仁的大力协作下，与西南大学食品科学学院友好合作，不断探索新技术、大胆改良传统工艺，以生态鸭为主要原料，以秘制的48味名贵卤料和食用调味品为辅料，运用现代科技和专用设备，精工卤制、高温灭菌、真空包装，开发精装礼盒鸭、精装礼袋鸭、精装鸭掌、精装鸭胗、精装鸭翅和散装产品等29个品种及系列特色"鸭菜品"。

初来一座城市，美食最能击中人心；了解一座城市，可以从这方水土的饮食风味中找到答案。以干、香、瘦为特色的梁平张鸭子（图2-31），采用生态麻鸭、天然香辛料等原材料，先卤后烤，其间进行脱脂处理；富含丰富营养物质，对人体具有开胃健脾之效，是民间有口皆碑的知名小吃。

图2-31 梁平张鸭子

# 第七节 粮 油

2021年，重庆粮食总播种面积3 019.79万亩，比上年增长0.5%；粮食总产量1 092.84万吨，增长1.1%；亩产361.9千克，增长0.5%。同时蔬菜生产持续向好，全年蔬菜产量2 184.3万吨，增长4.4%。特色经济作物质量提升，油菜籽年产量52.4万吨，增长2.0%；水果年产量553.2万吨，增长7.8%。

2021—2022年，重庆油菜推荐主导品种有庆油系列、渝油28、华油杂50、新宇油13等。2021年，重庆自主培育的特高含油量油菜品种庆油3号、庆油8号的种子在长江流域共销售50万千克。

## 一、重庆油菜

### （一）重庆油菜的起源

油菜是一种具有极高产油效率的油料作物。关于我国古代油菜的起源地，现如今仍旧有很多的争议，重庆市主要栽培的油菜是甘蓝型油菜。中国古代甘蓝型油菜最早由西域等地传入中国本土，先在中国的北方一带开始种植，后来逐渐在全国范围内栽培。早在公元六世纪左右，闻名于后世的《齐民要术》就曾经记载过油菜的种植史；书中写到油菜籽在早期种植于中国的北方地区，并且只采用春季种植的方式。当然，"油菜"这种称呼也是后世才有的，当时的油菜被我们的先辈们称之为"寒菜""薹芥"。

重庆市主要的油菜品种为庆油系列（庆油3号、庆油8号）。近年来，重庆油菜育种专家一直潜心研究，不断提高油菜品质，陆续推出高产和高含油量油菜品种。2016年，由市农科院油菜团队首席专家黄桃翠主持选育的庆油3号为甘蓝型油菜两系杂交组合而成，实现了从"三碗菜籽榨一碗油"到"两碗菜籽榨一碗油"的飞跃。2019年，她又选育出含油量高达51.54%的庆油8号，为甘蓝型化学诱导雄性不育两系杂交品种，再次领跑全国。

## （二）重庆油菜的产地环境及品种特性

庆油系列油菜在整个长江流域的冬油菜区都备受青睐，在湖北省、湖南省、江西省、安徽省、四川省、重庆市、贵州省、云南省，以及陕西省汉中、安康的冬油菜区都有种植。庆油3号与庆油8号在特性和栽培模式上相似，仅以庆油8号进行介绍。庆油8号全生育期209天左右，属于中熟油菜品种；亩产量200千克以上，比长江流域试验的油菜品种平均增产20％。庆油8号长势旺，株型紧凑，植株高度150～180厘米；有效分枝较多，一次有效分枝8～9个，分枝角度适中；全株有效荚果数350～500个，每个荚果20～30粒，千粒重4.07～4.92克。榨出的菜籽油油品好，油色清澈透亮，含高达71.27％的油酸、17.53％亚油酸、7.33％亚麻酸，芥酸含量0.158％，硫苷含量25.68微摩尔/克，符合"双低"优质菜籽油。

## （三）本地种法

### 1. 适期播种

庆油8号适宜在四川、重庆、湖北、湖南、江西等冬油菜主产区秋播种植。一般在9月20日播种、10月下旬移栽，移栽亩植密度7 000株。直播在9月下旬至10月上中旬播种，直播亩植密度15 000株以上，每亩用种量200～300克。

### 2. 开好三沟

油菜收不收，关键看三沟，播种时要厢沟、腰沟、围沟配套。播种期如遇连续阴雨或干旱天气，出苗率会下降，应注意灌水抗旱或者排水，春季注意清理三沟，保持排水通畅。

### 3. 科学施肥

氮、磷、钾肥配合使用，增施硼肥。庆油8号亩产200千克油菜籽，共需要大约亩施30～40千克复合肥（20-10-10或15-15-15）；应施足基肥，有条件可配施1吨有机肥；早施苗肥，适时追施蕾薹肥。硼肥是双低杂交油菜生产中不可或缺的肥料，建议每亩基施硼砂1千克，或用高硼（高含量21％硼肥速溶硼肥）50克/亩在苗期、蕾薹期、初花期叶面喷施，防止"花而不实"现象。

**4. 病虫害防治**

不宜在根肿病发生较重的田块中种植，播种期注意防治地下害虫；苗期注意蚜虫、菜青虫等虫害；花期注意防治菌核病和霜霉病等病虫害，尤其是在初花期至盛花期要重视菌核病的防治。此外，角果成熟期还要注意防鸟，双低油菜易遭鸟害。

**（四）本地吃法**

庆油系列油菜品种通常被用于油料生产，其籽粒可以用于食用油的生产。庆油系列油菜品种的油脂通常具有清香的特点，适合用于调制火锅底油（图 2-32）。将新鲜的油菜籽榨取的油脂，经过严格的工艺处理后，能够保留天然的香味和营养成分。在火锅油碟中使用油菜油，可以使火锅更加香浓，令食材更具鲜嫩口感。油菜油还含有丰富的不饱和脂肪酸，对人体有益。其高温下的稳定性适合高温火锅烹饪，保持油品的清澈透明。通过搭配各种调味料，油菜油成为火锅餐桌上不可或缺的一部分，为火锅风味增色不少。

图 2-32 油菜油用于火锅

庆油 3 号适宜采摘菜薹（图 2-33）。其菜薹甘甜可口、纤维含量低，口感细腻而独特，具有广阔的市场前景。一般在抽薹期、薹高 50 厘米左右采摘菜薹，菜薹长度在 10 厘米左右、单个菜薹重 25 克左右为宜，每亩可采摘菜薹 150～250 千克。采摘菜薹后 2 天内，及时追施尿素 2～5 千克/亩，并加强田间管理，商品菜籽可不减产。

图 2-33　油菜薹

## 二、丰都栗子贡米

### （一）丰都栗子贡米的起源

栗子出好米，最早的文字记载可以追溯到南朝。南朝道士陶景弘所著《真浩》载："丰都山上树木水泽如世间，但稻中粒几大，味如菱。其余四谷不尔，但名稻为重思尔。"另据考证，康熙十三年（1674年），云南王吴三桂率部路过丰都，知县等人骑马前往"栗子陈拱坝"和"暨龙火烧岩"各备大米 300 担。吴三桂品尝后，感觉此大米饭香浓郁，熟透的米粒规则向上，极为赞赏。从此以后，丰都县衙每年都将栗子米作为贡米送往朝廷，栗子贡米因此而得名。栗子贡米考证以石碑记载（图 2-34）。

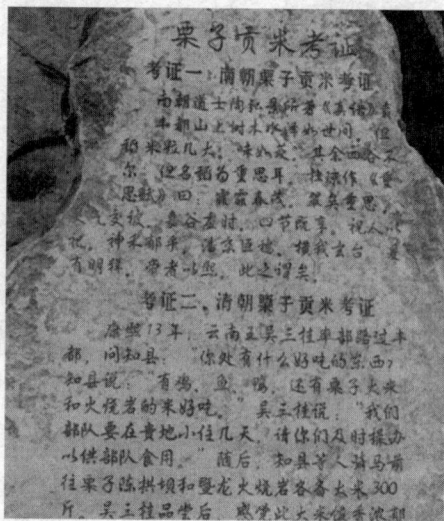

图 2-34　栗子贡米考证

### （二）丰都栗子贡米的产地环境及品种特性

栗子乡地处丰都县南部山区，海拔在 300～1 425 米，地势南高北低，三面环河、一面悬崖，48 座古寨独立成寨；光照时间长，昼夜温差大；所产大米品质优、口感佳，经中国农业农村部稻米及制品质量监督检验测试中心鉴定，与泰国顶级香米相当。

栗子贡米（图 2-35）米粒细长洁白，品质优，长宽比大于 3∶1，晶莹透亮，口感绵软醇香。据农业农村部稻米及制品质量监督检验测试中心检测，达部颁一级优质米标准；2015—2017 年，栗子贡米均获国家有机大米认证。

图 2-35　栗子贡米

### （三）本地种法

栗子贡米的种植条件非常优越。该地区山脉走势、光照和昼夜温差的变化都为水稻种植提供了得天独厚的条件。

（1）山地梯田高效生态种植　由于梯田（图 2-36）的特殊形态，土壤含水量分布均匀、阳光照射充足，这为农作物的生长创造了良好的生态环境。梯田的构造不仅能够保持土壤肥沃，还有利于水分的渗透和蓄积，为作物的根系提供了理想的生长条件。同时，梯田的阶梯状结构还有助于土地的通风和排水，有效防止了水土流失，保护了生态平衡。这种方式最大程度地利用了山地资源，确保了农田的稳定和高效利用。

（2）高山种植　丰都栗子乡海拔 300～1 425 米，高山气温较低，有利于水稻的生长和发育；延长了生长期，使水稻更加充实、香甜。此外，高山地区纯净的山泉水源被充分利用，为水稻提供清洁的灌溉水，使得高山水稻产出品质优越。总体而言，高山种植水稻是一种智慧农业的体现，充分发挥了地形和气候的优势，实现了水稻生态种植的高效与可持续。

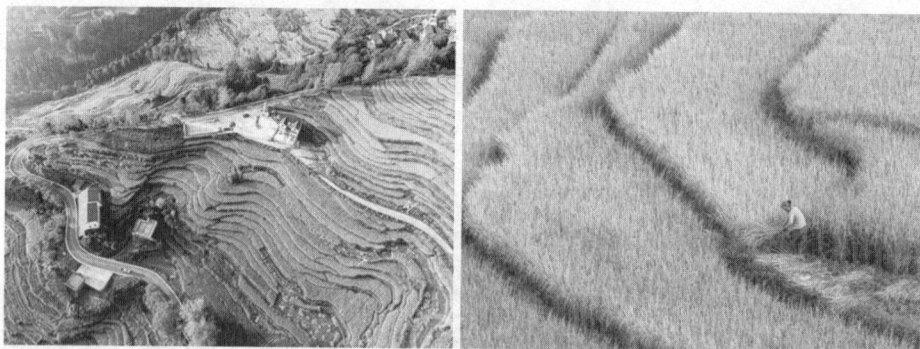

图 2-36　梯　田

## （四）本地吃法

丰都栗子乡的大米以其独特的品质和口感而闻名，当地居民发扬传统，创造了许多独特的吃法。首先，重庆黏米饭的制作方式独具特色，通常选用黏性大米。这种大米在蒸煮后会变得更加黏稠，适合制作黏米饭。黏米饭的制作过程要经过两次蒸煮，这样可以增加其黏性，让米饭在火锅等料理中更好地吸附调味汤汁，提供独特的口感和味道。这种黏性大米也是制作美味米饭团的理想选择，其口感和黏性让其成为当地人的最爱。

其次，重庆的米粉也是令人垂涎的美食。米粉是由大米磨制而成，这个过程使米浆变得极其细腻。将米浆浇在特制的锅底上，通过蒸煮的方式形成宽而薄的米粉片。这些米粉片非常适合用来制作酸辣粉等美食。重庆米粉（图 2-37）因其柔滑的质地和出色的吸汤能力而备受推崇，配合酸辣汤汁，形成了独特的餐饮体验。

图 2-37　重庆米粉

## 第八节　蔬　菜

重庆市蔬菜基地的面积常年稳定在 225 万亩左右，生产量 2 000 万吨左右，已基本形成"保供增效三产业带"布局；蔬菜对农村常住居民年人均纯收入的贡献达 15% 以上，蔬菜专业村常住居民人均纯收入高于全市7 个百分点。2020 年底，重庆市贫困地区蔬菜年产值达 180 亿元左右，带动 450 万农村常住人口人均年增收 2 000 元以上；主城都市区的蔬菜基地生产供应量占到 60% 以上，形成"自给有余，有进有出"的紧平衡状态。此外，已形成"渝遂高速公路沿线时令蔬菜产业带"、"高山蔬菜产业带"和以涪陵榨菜、石柱辣椒为重点的"加工蔬菜产业带"。

### 一、涪陵榨菜

#### （一）涪陵榨菜的起源

涪陵区因乌江古称涪水，且巴国先王多葬于此而得名。2 000 多年前，

69

巴国在此设郡；秦、汉、晋时，设积县；自唐以来，一直为州所在地；中华人民共和国成立后，为涪陵地区；1996年，撤涪陵地区，设涪陵市（地级），下辖2区1市3县；1998年，重庆市直辖后，改设涪陵区。

涪陵区是青菜头的起源地之一；也是把青菜头作为时令特色鲜食蔬菜，进行大规模市场开发与应用的"领头羊"；更是闻名中外的以青菜头为原料的精深加工产品"涪陵榨菜"的发祥地。

青菜头，学名茎瘤芥，属十字花科芸薹属芥菜类蔬菜的一个变种；19世纪中叶以前，在川东沿长江河谷地带分化而成；因时间较晚且是区域性"小作物"，文字记载较少。清道光二十五年（1845年），德恩修、石彦恬等撰成《涪州志》12卷。该书物产卷载："又一种名包包菜，渍盐为菹，甚脆。"这是关于茎瘤芥（俗名"包包菜""青菜头"）最早的文献记载，并将其归入青菜类；证明在当时或更早期，青菜头作为鲜食蔬菜的种类之一，在民间已广为人们所利用。

民国十七年（1928年）8月，王鉴清等主修、施纪云总纂《涪陵县续修涪州志》成书付梓。该书对涪陵青菜头、涪陵榨菜的相关描述有"近邱氏贩榨菜至上海，行销及海外，乡间多种之""青菜有包有薹，盐腌，名五香榨菜"；说明在这之前，涪陵的乡间农家就已广为种植、食用青菜头。

民国二十五年（1936年）1月，国立四川大学农学院毛宗良教授等，利用学校放寒假的时间，到涪陵、丰都等地区考察柑橘和榨菜，回校后作学术报告；4月，在《川大周刊》4卷28期上发表《柑橘与榨菜》一文，确认涪陵的榨菜（俗名"青菜头"）为芥菜的一个变种，并用拉丁文命名；同年，在《园艺学刊》第2期发表《四川涪陵的榨菜》。

民国三十一年（1942年），金陵大学教授曾勉、李署轩对青菜头进行科学鉴定，认定它属十字花科芸薹属芥菜种的一个变种，并给予植物学的标准命名。鉴定结论和命名得到国际植物学界认可，一直沿用至今。

## （二）涪陵榨菜的产地环境及品种特性

涪陵区介于东经106°56′—107°43′、北纬29°21′—30°01′。地形以低山浅丘为主，属于亚热带季风气候，四季分明，气候温和，年均降水量约1072毫米。该地区独特的自然环境适宜青菜头进行大面积种植。涪陵区青菜头种植面积占全国青菜头种植面积的43.20%，是中国规模最大、最集中的榨菜产区，获得中国"榨菜之乡"的美誉。涪陵区青菜头在9月播种、10月移栽，在涪陵地区最冷的4～5℃和大雾环境下生长；形成了青菜头致密的组织结构，铸就了涪陵榨菜特有的嫩脆品质。

涪陵榨菜（图2-38）以涪陵青菜头为原料。涪陵青菜头呈近圆形、扁圆球形或纺锤形，表皮青绿，肉质白而肥厚，质地嫩脆；富含人体所必需的多种蛋白质、糖、维生素，以及钙、磷、铁等微量元素。其鲜嫩香脆、鲜香可口，有多种做法和独特妙用。

图2-38　涪陵榨菜

### （三）本地种法

（1）种植时间　青菜头的播种时间非常关键，是最终能否获得高产的重要因素，有时候播种的时间有3天的差异都可能会造成很大的产量差异。青菜头主要是在秋季播种，一般在10月份左右开始播种，具体时间要根据天气状况和种植环境而定。如果播种过早，可能会导致严重的病毒病，也可能会引起先期抽薹；播种过晚，则会引起青菜头的块茎变小，降低产量。

（2）品种选择　选择产量高、发芽少、茎膨大、含水量低、空心少、品质软、易加工和选育、抗病性强、抗寒性强的品种为宜。由于芥菜品种的地域特点，在引进新品种时，必须先在小面积试种。青菜头播种育苗时间为9月底至10月初，分阶段分批播种。播种前，用10%磷酸钠处理种子10分钟，可以灭活病毒，减轻病毒的危害；种子也可以用锰和锌的替代品进行包装。在苗圃上施足量的基础肥料，并用50%辛硫磷1 000倍溶液处理，消除地下害虫。播种后、发芽前，喷洒除草剂。苗期定苗时，要注意防治蚜虫。

（3）移植和种植　幼苗可在30～35天内种植，行距为（20～23）×33厘米。一般每亩种植5 000～6 000株。移栽后，要给根系浇好水。

（4）管理工作　移栽或回苗后，每亩用4～5千克尿素和1 000千克水进行第一次追肥；1月下旬，第二次追肥；2月下旬，再施一次肥。禁止喷施氮肥或单施氮肥。第三次施肥7天后，根据生长条件，再施肥促进瘤茎的膨大和叶片的生长，降低孔洞数量。返苗后及时除草。根据气候条件进行1～2次蚜虫控制，及时清除病毒株。在冬季前，如遇长期干旱，可根据情况进行一次犁沟灌溉，并及时排水，以免溢边。如果雨水过多，应该及时做好挖沟排水和防水工作。

### （四）本地吃法

"好看不过素打扮，好吃不过咸菜饭。"在涪陵区，榨菜有着自己的"江湖地位"。"三清三洗三腌三榨"独特工艺是涪陵榨菜的看家制法。"一清一洗"，还原青菜头翠玉本色；"二清二洗"，确保风味饱满；"三清三洗"，呈现黄玉之色。"一腌一榨"，榨出韧性嚼劲；"二腌二榨"，让香味入骨入髓；"三腌三榨"，鲜香、嫩脆、层次分明。从民间古法到生产工艺，从手工作坊到智能工厂，逐步形成了现在涪陵榨菜的制作工艺。

涪陵榨菜主要是以佐餐的形式出现。可以将榨菜切成细丝，撒在炖菜、烩菜或者炸菜上，使得原本油腻的菜品变得清爽可口。此外，将榨菜拌入炒饭或拌饭中，不仅色香味俱佳，还能为主食增加一些特色。总的来说，涪陵榨菜作为佐餐利器，不仅为餐桌增色添香，还能调和菜肴口感，成为美食中不可或缺的一部分。

## 二、石柱辣椒

### （一）石柱辣椒的起源

据《石柱县志》和《石柱县供销合作社志》记载，石柱历来种植辣椒；民国时期，除自食外，每年还运销万县等地；1965 年，曾出口斯里兰卡。

2002 年，组建了第一个辣椒专业合作社——三益乡辣椒专业合作社，注册了国内首个以辣椒命名的商标——"三益"牌辣椒。

2003 年，石柱土家族自治县政府成立了辣椒产业化生产领导小组，并聘请西南农业大学教授林德清为辣椒生产技术顾问，推行辣椒标准化生产，制定并发布实施了《无公害辣椒生产技术规程》《无公害 食品辣椒》2 个地方标准；在悦峡镇、三益乡建立了辣椒良种扩繁基地 500 亩，新建 4 个泡椒加工厂和部分烘炕设施；2003 年 10 月，成立了县辣椒生产办公室。

2004 年，16 个乡（镇）规模种植辣椒，基地面积突破 10 万亩；与西南大学、重庆市农业科学院合作，实施"科技兴椒"战略；成立县辣椒行业协会，加强行业内部自律管理；保护椒农利益，试行最低保护价收购，并规范市场秩序。

2005 年，引进杂交良种试种成功，辣椒产量突破 10 万吨，并通过了无公害农产品产地（辣椒）认定和无公害农产品认证；招商引进重庆德庄实业（集团）有限公司、重庆小天鹅投资控股（集团）有限公司、重庆三九火锅底料厂、重庆怡留香食品有限公司加工辣椒调味品；首次举办中国·重庆辣椒订购会，与重庆、成都、武汉等地 30 多家企业建立长期供货关系，基本形成了"产、加、销"一体化发展格局。

2010 年，石柱辣椒基地面积达 30 万亩，推广辣椒商品化育苗 383.6 亩。石柱土家族自治县被中国调味品协会授予"中国调味品原辅料（辣椒）种植基地"称号。

## （二）石柱辣椒的产地环境及品种特性

石柱土家族自治县属中亚热带湿润季风区，海拔 175～1 934 米，立体气候十分明显。年平均气温 16.4 ℃，昼夜温差 15 ℃左右；年均降水量 1 126.6 毫米，60％以上降水集中在 5—9 月，年均相对湿度 80％；年均日照时数 1 333.3 小时，有利于辣椒干物质的形成。石柱土家族自治县亚热带常绿阔叶林下的地带性黄壤、黄棕壤及紫色土，有机质含量丰富（2.15％），以微酸性和中性为主，适宜辣椒生长。

石柱辣椒颜色鲜艳，光泽好，辣味重，油分含量高，香味浓，果实皮薄肉厚，硬度高，籽粒少。①长尖椒。辣椒素 1 800～4 900 毫克/千克，二氢辣椒素 700～1 800 毫克/千克、辣椒红素 20～60 毫克/千克（460 纳米）、脂肪 2.5%～9.3%。②朝天椒。辣椒素 1 200～3 700 毫克/千克、二氢辣椒素 800～1 500 毫克/千克、辣椒红素 20～100 毫克/千克（460 纳米）、脂肪 4%～10%。

### （三）本地种法

石柱辣椒每年于雨水（节气）前后播种，立夏（节气）前后移栽，以躲避 8 月高温伏旱对辣椒开花结果的影响；种植区域主要集中在海拔800～1 200 米区域，使所产辣椒油分、香气、色泽更佳。

（1）土壤要求　石柱辣椒喜欢生长在排水良好、肥沃、疏松、富有机质的土壤中。为了保证辣椒的生长健康，种植前应进行土壤消毒。

（2）播种时间　石柱辣椒的播种时间以春季为主，具体可以在 3 月中旬至 4 月初完成。一般采用秧苗移栽方式进行，须保证苗床温度、湿度和光照等条件的充足。

（3）养护管理　在辣椒生长期间，需要注意适量灌溉，控制病虫害等，应进行施肥、采摘等工作。具体而言，种植时，应保持土壤湿润，及时除草。针对病虫害等问题，使用有机肥、生物农药等方式处理。

（4）采摘收割时间　一般情况下，石柱辣椒采摘时间在 8 月下旬至 9 月中旬。此时，辣椒成熟、呈红色，同时辣度也会达到峰值，是最佳采摘收割时间。采摘后应及时晾晒、包装并储存。

### （四）本地吃法

石柱辣椒以香辣的口感为特点，深受当地人喜爱。石柱辣椒在当地的应用非常广泛，常见于各类菜肴中。例如，它可以拌饭，为普通米饭增添香辣味道，使整顿饭更加开胃。此外，石柱辣椒也被用来制作辣椒酱和辣椒油，加入炒菜、凉拌菜等，提升整体口味。对于火锅，石柱辣椒是一种理想的调味品，能为清汤或麻辣火锅增添香辣风味。此外，它还被用来腌制小菜、搭配蔬菜或豆腐、制作酱菜或卤菜，为餐桌增添一份香辣的风味。总的来说，石柱辣椒在当地饮食中发挥了重要的作用，为各类菜肴提供了独特的风味。

### 三、石柱莼菜

#### （一）石柱莼菜的起源

早在春秋时期的《诗经》《鲁颂·泮水》中，便有"思乐泮水，薄采其茆"的记载。南宋诗人陆游在《雨中泊舟萧山县驿》中，也以"店家菰饭香初熟，市担蓴丝滑欲流"表达对莼菜的推崇。历代文学作品中，莼菜更是频频出镜，如梅、兰、竹、菊四君子一般，颇为文人喜爱。但莼菜生长对水质、气温等要求极苛刻，野生莼菜逐渐只在云南、四川、重庆、两湖、江浙等地的湖泊、沼泽中零星分布。由于，野生莼菜被列为国家一级重点保护植物，人工种植的莼菜又颇为稀少；所以，大众一品莼菜鲜美的机会就少之又少，莼菜也就逐渐成为小众菜品。

1987年，石柱土家族自治县在枫木乡昌坪和黄水镇万胜坝湿地内发现原生莼菜，面积约0.58亩。石柱土家族自治县人工种植莼菜始于1991年，试种植面积29亩，试种成功并推广。其莼菜基地从1994年的1 000余亩的规模，发展到2010年的13 000亩，产量突破10 000吨，成为中国最大的莼菜生产基地。莼菜贸易从1993年的转口贸易，到2006年实现直接出口，产品畅销日本、韩国、新加坡等国家。建立莼菜资源圃1个，培育规模以上莼菜生产加工企业5家，建立"石柱莼菜"等莼菜知名品牌5个。

#### （二）石柱莼菜的产地环境及品种特性

石柱土家族自治县石柱莼菜产地海拔较高，多数时间为阴天或多云状态，年日照时数偏少，多年平均日照时数1 040小时，无霜期长，多年平均无霜期220天左右；石柱莼菜生长期日照时数650小时左右，对生长十分有利。产地属高山冷凉气候，常年平均气温11.4 ℃，温度最高月7月的平均气温22.1 ℃，温度最低月1月的平均气温0.4 ℃；春季回暖期晚，常有寒潮。常年平均水温13.5 ℃，相对湿度85%～90%。生长繁育期常年气温保持在 15～30 ℃有 4 个月，常年水温保持在 12～22 ℃有 5 个月，适宜石柱莼菜耐寒、喜温的习性。独特的温湿度环境为石柱莼菜形成优质果胶、多糖等成分，提供了重要生长条件。

石柱莼菜（图 2 - 39）叶表绿色，叶背淡暗红色，漂浮于水面；晶莹剔透的果胶包裹新芽、新叶、花蕾，果胶厚实，果胶与所包裹植物体的体积比大于 1：1；口感细嫩、清香爽口。石柱莼菜蛋白质含量为 0.4～0.5 克/100 克，碳水化合物 1.4～1.7 克/100 克，多糖含量 0.35～0.5 克/100 克，钙含量 100～120 毫克/千克，锌的含量 1.5～2 毫克/千克。

图 2 - 39　石柱莼菜

### （三）本地种法

莼菜是一种多年生的水生蔬菜，对水质要求较高，以活水、泉水最好。水质不好，叶片易生病、腐烂，产品的胶质也不好，影响品质和售价。

（1）选地平整　最好选在三面环山、四季不断有活水流动的浅水池塘或冷水田里栽培。这种田不产粮，却十分适合莼菜生长。莼菜是多年生的水生植物，1 次种植可以实现多年连续采摘，但栽种前要精细整地。如果是在稻田里种植，要先将田改成池塘，一般要耕耙 2～3 次，深达 26～30 厘米。再施足基肥，基肥宜用菜籽饼，每亩施 150 千克左右，也可以施土杂肥或猪牛粪。施基肥后耕翻入土，再浅水耙平，以备播种；并在四周筑好高约 50~60 厘米的田埂，以备蓄水用。如果是在池塘栽种，种前要先放干池水，平整塘底，并把野生的水草清除干净。

（2）繁殖栽种 除太热的夏季和结冰的冬天外，其他时间都可以种莼菜，以 3 月下旬最好，不要迟过清明（节气）。莼菜一般采用茎蔓进行扦插、繁殖。挖取泥中越冬的地下茎或摘取生长时期的地上茎进行扦插，有斜插和平栽两种。如果斜插，将种子茎后的几节插入土中即可；如果平栽，栽时先将种茎横卧，然后用手拿住两头，放入泥中即可。如果平栽发芽的种茎，则要将新梢露出土面，栽后抹平泥土。

（3）培育管理 莼菜田整年不能断水，但水层深浅可随季节调节，使之符合莼菜的生长发育需要。开春到立夏期间，气温、水温都低，为了使阳光晒到池底，以提高地温，促使莼菜萌发，灌水宜浅；立夏后，气温、土温逐渐升高，应把水层逐步增加，同时保持水流动，以维持较低水温；入冬后，应保持较深的水层，有利于保温、防冻。

（4）施肥 一般在霜降后，待莼菜叶枯萎和水中杂草都清除后施入冬肥，最好施粪尿和菜籽饼肥，每亩施 100~150 千克即可；在 2 月或 3 月时施 1 次春肥，每亩施菜籽饼 100 千克即可。

（5）防病治虫 莼菜田容易长青苔，会影响水质；严重时，莼菜的茎叶甚至新梢上也长青苔；不仅妨碍植株生长，而且影响莼菜品质。因此，要保持水清洁、流动，勿使污物流入田中，防止青苔生长；每次莼菜采收时，也可人工捞除青苔。

### （四）本地吃法

莼菜的嫩叶可供食用，其本身没有味道，胜在口感的鲜美滑嫩。此外，莼菜还含有丰富的胶质蛋白、碳水化合物、脂肪、多种维生素和矿物质，是药食两用的珍贵野生水生蔬菜，具有清热、利水、消肿、解毒等功效。新鲜莼菜采摘之后，可用冰醋酸保鲜；因此，无论是袋装，还是罐装，莼菜都是以液体形式包装的。在拆封食用之前，要将冰醋酸滤掉，用开水焯一遍后再烹饪。

石柱莼菜清新的味道和嫩滑的口感，使其成为各种菜肴的理想配料。常见的吃法有凉拌莼菜、莼菜火锅、炒莼菜、莼菜豆腐汤、拌粉丝、莼菜炖鸡、石柱莼菜面条及莼菜煎饼等（图2-40）。不同的烹饪方式展现了石柱莼菜的不同风味，可以根据个人口味进行调配，发挥想象力，创造出更多美味的菜肴。石柱莼菜作为当地的传统食材，承载了丰富的饮食文化和历史传承。

图2-40 莼菜产品

# 第九节 果 树

截至2020年12月底，重庆市水果种植面积达到739.2万亩，同比增加43.2万亩，增长6.21%，排前3位的主栽区、县为万州区、巫山县、奉节县；总产量602.7万吨，同比增加44万吨，增长7.88%，排前3位主产区、县为开州区、万州区、忠县。

重庆地处四川盆地东部，境内江河密布，降水足、湿度大、无台风，无冻害，少虫害，是中国柑橘的优势产区之一；柑橘也是重庆的第一大水果产业。奉节脐橙是重庆柑橘家族的明星产品，被誉为"南方嘉果"；江津、开州、忠县、长寿、丰都等地同样盛产柑橘类水果，如脐橙、锦橙、柚子等，都是重庆水果的佼佼者。此外，重庆丰富的山地与丘陵地貌也为李子提供了良好的生长条件，"巫山脆李""渝北歪嘴李""开州金翠李"等品质优良的李子广受人们的喜爱。

## 一、奉节脐橙

### （一）奉节脐橙的起源

奉节脐橙的前身叫奉节柑橘，栽培始于汉代，历史悠久；产区位于三峡库区，具有"无台风、无冻害、无检疫性病虫害"的三大生态优势。《汉书·地理志》记载："鱼复，江关，都尉治。有橘官。"《汉志》记载："柚，通省者皆出，唯夔产者香甜可食。"唐代，奉节脐橙已经成了宫廷御用的产品。《新唐书》载："夔者土贡柑桔。"诗人杜甫在寓居夔州时管理过柑橘园，并写下了"园柑长成时，三寸如黄金"。民国二十四年（1935年），奉节县引进了甜橙和红橘定植。1953年，奉节脐橙正式开始在奉节县进行选育。1972年，成功选育出奉园72-1母树。四川省通过有关科研单位鉴定，并于1973年高接换种105株，建立第一代无性繁殖母本园。1977年，中国农业科学院举办新选育柑橘新良种鉴定会，奉园72-1脐橙获得第一名；从此，奉园72-1脐橙和奉节地名联系到一起，直接被称为"奉节脐橙"，逐渐在全国有了知名度。

### （二）奉节脐橙的产地环境及品种特性

奉节县属中亚热带湿润季风气候，春早、夏热、秋凉、冬暖，四季分明，无霜期长，雨量充沛，日照时间长。垂直气候明显，海拔低于600米地区的年均气温为16.4℃，极端最高气温为39.8℃，极端最低气温为−9.2℃。无霜期年均287天，年平均降水量1 132毫米，常年日照时数为1 639小时。广泛分布的火山胶泥岩，富含钾、硒元素，并呈散射状分布在土地中。已引进自行选育的中熟品种"奉节脐橙"（72-1）、晚熟脐橙（95-1）等地方良种。该产区具有无台风、无冻害、无检疫性病虫害的三大共同优势，是世界上少有的脐橙特产生态带。

奉节脐橙（图2-41）果实呈短椭圆形或圆球形，果皮橙色至深橙色，横径70～90毫米，单果重180～250克；脐多闭合，开脐直径小于1.5厘米，开脐向内翻起呈轮纹状；果皮中厚，脆而易剥；肉质细嫩化渣、无核少络，酸甜适度，汁多爽口。

图 2-41  奉节脐橙

### （三）本地种法

（1）定植时间与方法  一般以秋栽为主。在 9 月下旬至 11 月上旬定植为宜，也可进行春栽，即在雨水（节气）前后 2 月下旬至 3 月初进行为好。首先，挖好定植穴，施入适量腐熟的有机肥；将苗木放入穴内，使根系舒展；扶正苗木后，用细表土填埋压紧，使根系与土壤紧密接合，不要埋住嫁接口；然后，浇足定根水。若叶片萎蔫，可适当剪去部分嫩叶，以保证苗木成活率。

（2）施肥管理  未试花结果的幼树处于营养生长时期，新梢生长量大，停止生长晚。促进新梢多次生长，多生健壮侧枝，加速分级，尽快形成多枝多叶的树冠是幼树施肥和管理的主要内容。生长结果期是从营养生长占优势，逐渐转为营养生长与生殖生长相平衡的一个过渡阶段。前期既要不断扩大树冠和根系，还要逐年提高产量；因此，施肥要从保持营养生长和不断增加结果并重来考虑。

（3）抗旱排涝  在旱季到来之前，要中耕疏松表土；注意掌握夏秋浅挖，以免挖伤表面根系。在旱季和高温季节用杂草、秸秆对树盘进行覆盖，这对于保水保肥、降温有良好作用。当土壤缺水时，及时进行灌水，以保证果树正常生长、开花、结果。排涝的主要办法是，在多雨的季节，要挖好果园内的排水沟，及时排除园内积水，降低土壤湿度；确保果树根系和地上部分正常生长，减少病虫发生。

（4）保花保果  脐橙是无核品种，因此在管理上与锦橙和橘类有一定区别。脐橙花量大、坐果率较低，栽培上一定要采取保花保果措施，以达到丰产的目的。

### (四) 本地吃法

在重庆市，吃橙子与文化、习俗等方面存在紧密关联。因为橙子与"吉祥"谐音，人们常将其视为象征好运和幸福的水果，使其成为传统庆祝活动和重要节日中的祝福之物。例如，在过年的时候，橙子作为一种常见的礼物，被放入红包中送给长辈，以祈求长辈新年好运和顺利。

奉节脐橙最直接的吃法是生吃，剥去外皮，分离成瓣，享受脐橙的天然甜味。此外，奉节脐橙也经常被榨成果汁，不仅保留了水果的丰富营养，还成为解渴的美味选择。果汁还可用于混合制作各种口味的饮品。在餐桌上，奉节脐橙也常常成为沙拉的一部分，以增加水果的清新口感。此外，它可以作为甜点的原料，制作出各种美味，如橙子蛋糕、橙味冰激凌等。脐橙还可以用于腌制或制作果酱，不仅延长了保存期限，也为各类糕点、面包提供了特色调味。

在烹饪方面，奉节脐橙也有其独特之处。它可以与肉类搭配，制作出橙汁烤鸭、橙味糖醋排骨等美味佳肴，为传统菜肴注入新颖的口感。

## 二、巫山脆李

### (一) 巫山脆李的起源

经考证，巫山脆李种植始于唐宋年间，距今已有上千年历史。巫山脆李果形端庄、质地脆嫩、汁多味香，品质优势独特。凭借长江航运优势，千年来巫山脆李远销四川、湖北等地；同时，以湖北宜昌、沙市、恩施等作为巫山脆李的中转站，销往全国各地。20 世纪 50～70 年代，在海拔 73.6～1 300 米，巫山脆李零星分布，种植规模在 5 000～11 000 亩，供本地居民食用为主；以长江沿线乡镇将脆李运往湖北一带销售为主，部分产品做成李子罐头、李干销往河南、安徽一带。90 年代中后期，随着三峡大移民、重庆市直辖，巫山脆李在巫山县曲尺乡、大溪乡、巫峡镇的种植规模增加到 2.1 万亩。

## （二）巫山脆李的产地环境及品种特性

巫山脆李主要种植在巫山县长江沿线的曲尺、大溪、巫峡等乡镇。产地的年平均日照 1 460～1 640 小时，年均降水量 1 057～1 243 毫米；年均气温 17.6～18.7℃，高温高湿；土壤 pH 6.0～7.5，土层厚度 0.8 米左右；活土层在 0.5 米以上，地下水位 1 米以下；土壤类型为黄壤土、紫色土等。

巫山脆李（图 2-42）果实中等，近圆形，纵径 3.3 厘米、横径 4 厘米，平均单果重 32.1 克，最大单果重 60 克，果顶略凹。果皮底色绿色至绿黄色，皮中等厚，果点明显，果粉厚，白色。果肉浅黄色，质地致密、脆嫩、离核，汁多味香，酸甜适口，可溶性固形物含量 13%。果核小，扁圆形。果实可食率达 96.88% 以上，营养丰富，品质上乘。

图 2-42 巫山脆李

## （三）本地种法

（1）品种选择 巫山县地理环境适宜脆李的种植，但也需选择适应当地气候条件的品种。目前，适合在巫山县种植的脆李品种主要有"汉舞""汉丰""汉冠"等，这些品种具有较高的产量和品质。

（2）土壤要求 脆李是适应性比较强的树种，但是要求土壤肥沃、排水良好。在巫山县，脆李喜欢土层深厚、疏松透气、石灰含量低、有机质含量高的土壤，最适宜的 pH 为 6～7。在选择种植地时，应注意避开低洼地，避免积水。

（3）肥料施用 在种植脆李的初期，应将土壤深耕，优化土壤结构；

然后，在栽植前进行肥料施用。建议采用有机肥与化肥结合的方式，以中钾肥或高钾肥为主。在施用肥料时，应注意量的适度，不可过量，以免影响脆李的生长和品质。

（4）栽植与管理 脆李的栽植时间应在春季或秋季。建议将根系浸泡在水中 20～30 分钟，使其吸满水分后，再进行栽植。巫山县脆李的栽培密度为 1 500～2 000 株/亩，株距 3～5 米，行距 4～6 米。在脆李生长期，要进行适时的修剪和疏果，以促进树冠光照、通风，提高果实品质与产量。巫山县脆李易受寒害、霜雨害，以及细菌性病害、真菌性病害的侵袭；因此，要进行及时的病虫害防治，保证果实的质量和产量。

## （四）本地吃法

当地人钟爱以最朴实的方式享用新鲜采摘的脆李，直接生吃可感受李子原始的鲜美。同时，巫山脆李在当地的美食文化中有着丰富的应用。脆李的独特口感使其成为制作各种美食的理想材料。一种常见的加工美食是蜜饯，通过蜜糖的浸泡，巫山脆李变得更为甜美。此外，巫山脆李还被用来制作果酱，为早餐或茶点增色不少。在家庭中，有时会将其腌制成咸酸口感，作为独特的配菜，丰富了家常餐桌的味觉。三峡基地发展有限公司助力巫山县研发了脆李月饼；截至目前，销量高达 13 000 盒，真正引领地方产业多元化发展，振兴一方经济。

在巫山县，走进当地的小吃摊和餐馆，你会发现各种以巫山脆李为主材的美食（图 2 - 43），从甜到咸，从生吃到加工，形成了一种独特的地

图 2 - 43 巫山脆李

方美食文化。巫山脆李不仅仅是一种水果，更是连接当地人情感和味觉记忆的纽带，成为这片土地上不可或缺的一部分。

## 三、梁平柚

### (一)梁平柚的起源

梁平柚，在梁平区栽培已有 200 年历史；经考证，始于清乾隆末期（1792 年）。梁山人刁思卓氏自福建省引入梁平柚，初植于梁山镇东门松柏客栈内；在梁平区的特殊自然条件下，逐渐优化成浓烈蜜香、纯甜嫩脆独具特色的柚树品种，是中国柚类平顶型柚的代表品种。1954 年前，梁平区为梁山县，梁平柚又被称为梁山柚，被当时果树专家记载于果树分类学中。因梁山县与山东省梁山同名，1954 年，梁山县更名为梁平县；为扩大梁山柚的知名度，将梁山柚也更名为梁平柚。

### (二)梁平柚的产地环境及品种特性

由于地质构造、地层分布和岩性的控制，以及受水文作用的影响，梁平区呈现"三山五岭，两槽一坝，丘陵起伏，六水外流"的自然景观，形成山、丘、坝兼有而以山区为主的特殊地貌。境内有东山、西山和中山，均呈北东走向，平行排列，互不衔接。丘陵区土壤为红棕紫泥土，平坝区土壤为水稻土，低山区土壤为山地黄壤土。土壤 pH 6.0～7.5，土壤中氮、磷、钾含量丰富，肥力中等偏上。

梁平柚（图 2-44）素有天然"罐头"之美称。梁平虎城尖柚属于沙田柚品种系列，已有上百年的栽培历史，果汁多，果肉酸甜可口。单果重800～1500 克。果实高肩平顶，形状美观，色泽橙黄，皮薄芳香。梁平虎城尖柚是全国柚果外香型较香的柚类品种。果肉纯甜、细嫩化渣。果皮富含香精油、果胶等物质。具有止咳、化痰、治疗便秘等多种保健功能。

### (三)本地种法

(1) 柚园建立  梁平柚喜气候温和且土层深厚、肥沃、疏松的生态环境，在梁平区海拔 250～600 米的地区可集中建园。定植时，以秋季（9

图 2-44　梁平柚

月下旬至 10 月下旬）为宜，其次是春季（2 月中旬至 3 月上旬）。建园时，采用"假植培育大苗，成片规范建园"的方法；选用 1 年嫁接苗，经过 3 年的培育，待试花挂果后再行疏移定植。定植时，穴施垃圾土、禽畜肥等基肥，一般坡地按（3～4 米）×4 米株行距定植，平地按（4～5 米）×5 米株行距定植。苗木繁育注重单系选优，实行单系集中繁育良种苗木。实行"三证"管理，保证品种纯正和苗木质量，并按商品化、产业化发展要求，严格实行布局区域化、建园标准化、管理规范化。

（2）土肥水管理　在柚树密植培育期间，为加速形成良种大苗，在每次枝梢抽发前，以及在枝梢迅速生长期，每个月施 1 次人畜粪水加少量尿素；同时，注重中耕除草，加强幼树抚育。

在干旱季节来临前或采果的冬季进行园地培土，可改良土壤，加厚土层，增加养分，防止根系裸露，防旱保湿，促进根系生长。山地柚园较常采用园地培土。柚园每年进行 3～4 次中耕除草，深度 5～20 厘米，使表土疏松、保水保肥，保持土壤湿度，改善通气状况，防止杂草滋生。同时，进行深翻、熟化土壤，能使土层深厚，结构良好，土质疏松，不断提高土壤肥力，是保证柚树丰产、稳产的中心环节。深翻熟化土壤常在 9 月下旬至 10 月底，采用壕沟法或扩穴深翻法，结合施入适当的磷肥、人畜粪水等有机肥。在幼树尚未封行前间作，在树冠滴水线以外 30～50 厘米开始顺行带状种植 1～2 年生豆科作物或其他矮小植物，不会影响树体生长，且与柚树没有共同病虫害的作物。

对初结果树进行肥水管理。常采用环状沟施，年施 4 次；2 月底施发芽肥，5 月上旬施稳果肥，7 月中下旬施壮果肥，10 月上旬施采果肥。成年柚树的施肥分为 4 个时期，施肥原则是重施有机肥、减少氮肥用量、适当增施磷钾肥、配施微肥作根外追肥；2 月底施发芽肥，7 月中下旬施壮果肥，10 月上旬施采果肥。若夏季出现伏旱，应适时适量灌水。若建园在低洼处应注意排水。

（3）病虫害防治　剪除多余的夏秋梢、交叉枝、病虫枝，控高提干。对初挂果柚树，剪除扰乱树型的交叉枝，培育出主枝分布合理、通风透光良好的波浪状丰产树型；并对剪除的枝条进行粉碎后还田或覆盖树盘，增加土壤有机质。同时，对全园土地进行了一次中耕，清理排水沟，增强土壤通气性，减少了土壤越冬病虫。

### （四）本地吃法

因梁平柚（图 2-45）清香多汁、口感甘甜，受到当地居民的喜爱。在当地，梁平柚有多种美味的吃法，展现了人们的创意。

图 2-45　梁平柚

生吃是最简单的方式之一。将梁平柚剥皮后，露出鲜嫩的果肉，令人垂涎欲滴。这种食用方式保留了柚子的原汁原味，能充分享受其天然的甜美滋味。此外，柚子还常被用于制作沙拉，与其他水果、蔬菜搭配，形成色彩鲜艳、口感层次分明的美味。

柚子汁是另一受欢迎的选择。通过榨取梁平柚的汁液，人们可以得到清新怡人的柚子汁；不仅口感独特，而且充满维生素和天然营养成分。柚子汁可以单独饮用，也可以用于调制各类饮品，增添一份特有的芳香。

在当地，人们还常常将梁平柚与蜂蜜相融合，制成柚子蜜。这种独特的食品不仅口感醇厚，还具有一定的滋补功效，成为人们日常生活中的美味选择。此外，梁平柚的果皮也被晾晒制成柚子茶，具有清凉解渴、提神醒脑的功效，成为当地人们常见的饮品之一。

# 第十节 茶 叶

茶叶产业是三峡库区、秦巴山区、武陵山区极具潜力的特色优势产业，也是带动农村二三产业发展，为城乡提供大量就业岗位的一项绿色产业。中国加入世贸组织以后，茶叶作为极具竞争力的出口农产品，对于发展农村经济，特别是带动贫困山区脱贫致富，有着其他经济作物不可替代的优势。

重庆市茶园面积达108.9万亩，干毛茶产量4.7万吨，干毛茶产值46亿元，已基本建成渝西早市名优茶区、渝东南生态有机茶区和渝东北高山生态茶区"三大茶产业优势区"，形成"以针形名优绿茶为主，工夫红茶、重庆沱茶、茉莉花茶等多茶类、多品种百花齐放"的产品格局。

## 一、永川秀芽

### （一）永川秀芽的起源

永川产茶历史悠久，在两汉时期已有茶的种植和生产。据《永川县志》记载，巴岳山、箕山等地在民国初年就是产茶地区，在中华人民共和国成立前年产茶只有680担。中华人民共和国成立后，四川省农业科学院茶叶研究所（现为重庆市农业科学院茶叶研究所，以下简称茶研所）和四川新胜茶场相继落户永川，带动了永川区茶产业的发展。茶研所于1959年开始研制生产手工针形名茶，历经创制、改进、提高三大阶段，并经中国著名茶学专家陈椽教授亲自指导，被命名为"永川秀芽"。20世纪60年代初，朱德委员长莅临永川区，视察茶研所试验茶园，品尝"银峰"（永川秀芽曾用名）名茶。他端起茶杯，轻轻呷了一口，用家乡话赞道："还是这个茶好！"20世纪70年代中期，先后新建茶园500余公顷、茶叶加工厂（场）50余个，永川秀芽种植、加工得到了快速发展。进入21世纪后，永川秀芽种植面积由3万亩扩大到9万亩，新建加工厂10余家。其独特品质和口感被消费者口碑相传，传递范围扩大到成都、北京、上海等地。

### （二）永川秀芽的产地环境及品种特性

永川秀芽种植地域范围包括永川区云雾山、阴山、巴岳山、箕山、黄瓜山五大山脉的茶区。其主要种植地分布在永川5个主要产茶乡镇：茶山竹海办事处、大安镇、何埂镇、永荣镇、三教镇，这5个乡镇占总产量的85％。永川地处亚热带湿润季风气候，四季分明，春季回温早，夏季气温高，降水集中，光照充足，雨热同季，相对湿度80％左右，无霜期达320天，土壤pH在4.5～6.5（微酸性），非常适合茶树生长。由于永川区茶园所处的海拔一般在300～500米，且气候条件较好，适宜永川区栽培的大叶种、中叶种、小叶种多品种共存，为永川秀芽的拼配提供了良好的基础。

永川秀芽（图2-46）为针形茗茶，绿茶类。其外形紧圆细直、汤色清澈透绿，香气鲜嫩高长，滋味鲜醇回甘，叶底嫩匀明亮，具有名优绿茶的色、香、味，且不含非茶类物质和任何添加剂。

图2-46 永川秀芽

### (三) 本地采法

(1) 幼年采摘 幼年永川秀芽的特点是主干明显、顶端优势强烈、分枝疏少、树冠尚未定型，是永川秀芽的培养阶段。幼年采摘的目的是促进分枝、培养枝冠，是定型修剪的补充。因此，一般宜采用打顶采摘法或留叶采摘法。

(2) 成年采摘 永川秀芽进入成龄阶段后，由青年期逐渐过渡到壮年期，树冠进一步扩大，枝叶茂密，生长旺盛，根系发达且布满行间，茶叶产量逐年增长，直至达到高峰。成龄阶段是永川秀芽高产、稳产时期。采摘的任务就是尽可能地多收质量好的芽叶，延长高产、稳产时期，应贯彻"以采为主，多采少留，采养结合"的原则；因此，采摘方法应以留鱼叶采摘法为主，并在适当季节辅以留一叶采摘法。具体采法，各地经验不甚一致，有的春留一叶采；夏、秋留鱼叶采；有的夏留一叶采；春、秋留鱼叶采；有的全年基本留鱼叶采，而在每季末期留一批叶片在树上；有的则实行留鱼叶采和留一叶采混合交替使用。

(3) 老年采摘 老年永川秀芽树冠的特点是生机开始逐渐衰退，枝植随树龄增长而日益衰老，育芽能力减弱，芽叶变小，二对、三对夹叶大量出现，树冠鸡爪枝逐渐形成，部分骨干枝出现衰亡和自然更新现象。茶树的衰老期是相当长的，对这类永川秀芽的采摘，应根据衰老的程度来灵活掌握。永川秀芽衰老前期，树冠还比较宽阔，枝杆尚有一定的育芽能力，能维持一定的产量水平，宜采用留鱼叶采摘和集中留叶的方法；一般多采用春、夏季留鱼叶采，秋季停采集中留养。

### (四) 本地喝法

#### 1. 传统工艺

永川秀芽以早春1芽1叶初展鲜叶为原料，要求芽叶完整、新鲜、洁净。经摊青、杀青、揉捻、抖水、做条、烘干5道工序精细加工而成。杀青在锅中进行，要求杀匀杀透。揉捻用双手滚揉，要求茶条紧卷。抖水相当于炒青绿茶的二青工序。永川秀芽紧直细秀外形的形成，主要在做条工序。做条也在锅中进行，锅温为60～70℃，先用手把茶条理直，然后两手掌心相对，轻轻搓动茶团，其间茶条不断从指缝间落入锅内；这样反复搓动，达8成干时，微升锅温，以提高茶香和显露毫峰；出锅后，经过烘焙至含水量6％时，下烘摊凉储藏。

**2. 加工技巧**

针对永川秀芽叶型长和大、原料中所含茶多酚较多、叶绿素含量偏低等弱点，研制出了鲜叶适度摊放、杀青中度偏嫩，初干以烘代炒，轻揉与灵巧相结合，足火则薄摊、文火慢烘的综合工艺技术。

**3. 冲泡方法**

煮水至初沸即可，这样泡出的茶水鲜爽度较好（图2-47）。沏茶的水温，要求在80℃左右为适宜。茶与水的比例一定要恰当，通常茶与水之比为1∶50至1∶60，即1克茶叶用水50~60毫升为宜，这样冲泡出来的茶汤浓淡适中、口感鲜醇。

图2-47 永川秀芽

## 二、秀山金银花茶

### （一）秀山金银花茶的起源

秀山金银花人工种植的记录可追溯到1951年。1971年，四川省涪陵区林业局、商业局下达了金银花等木本药材生产计划，计划栽种秀山金银花5 000株，主要规划在中和、石耶、洪安、龙池等8个乡（镇）。1972

年，野生种改家种成功。至 1983 年，家种在地金银花 450 多万笼（以 300 笼折 1 亩，即 1.5 万亩），成为四川省金银花生产重点扶持基地县。20 世纪 80 年代后期，因各种原因，秀山金银花种植面积快速萎缩。直到 2001 年，开始第二次大规模人工种植秀山金银花；通过 10 余年的发展，秀山金银花基地面积达 15.2 万亩，被命名为"中国山银花药材产业之乡"，成为西部最大和全国具有明显影响力的金银花基地县。

## （二）秀山金银花茶的产地环境及品种特性

秀山土家族苗族自治县地处重庆市东南地区武陵山区腹地，气候温和、土壤肥沃，有"武陵山区天然药库"之称，以金银花最为著名。在该县海拔 500～1 200 米区域，最适宜金银花的生长。秀山金银花的主要化学成分为绿原酸、异绿原酸、生物类黄酮、白果酸、咖啡酸、木犀草素-7-葡萄苷、β-谷甾醇、β-谷甾醇-D-G 苷、豆甾-D-D 苷等，在全国 24 个金银花品种中品质上乘，并富含人体必需的微量元素——硒。

秀山金银花（图 2-48）不同于其他产地的双生性金银花。秀山金银花花序簇拥多繁，花蕾青绿整齐，产量极高，人工成本低，药用成分高。秀山金银花绿原酸含量在 7.5%～12.5%，乃全国同类产品中最高。此外，秀山金银花还含有抗氧化剂类黄酮、蛋白质、维生素、多类化合物及微量元素，用于人们健身、美容等方面有明显的效果。

图 2-48　秀山金银花

### （三）本地采法

**1. 采摘时间**

金银花宜在含苞待放、花蕾由绿变白、上白下青绿、上部膨大下部为青色时采收；即花期达到二白期，花蕾淡绿色逐渐转白色、长 3～5 厘米时采收最佳。在上午 9 时左右，采摘的花蕾质量最好；一定要适时采收，下午 4～5 时花蕾开放会影响质量；但也不能过早采摘，否则花蕾嫩小且呈青绿色，产量低、质量差。

**2. 采收方法**

秀山金银花开放时间集中，花期（即从孕蕾到开放凋谢的时期）10～15 天。采摘时不要折断枝条，以免影响下茬花的产量。要做到"轻摘、轻握、轻放"，对不同成熟度的花要分别采摘、盛放。二白期和大白期（即花蕾白色、长 4～6 厘米时）的花放在一起，开头花（即没有适时采摘的刚开放的白色花、花瓣已变黄色的花和逐渐枯萎凋谢的棕黄色花）另外放置。

**3. 采收次数**

适时采摘是提高产量和质量的关键。栽后第二年开始采花，在管理粗放或高海拔温度偏低的山区，1 年仅收 1 茬或 2 茬花；光热水肥条件优越、管理精细、生长势好的；1 年可采收 3 茬或 4 茬。采摘期可一直延续到 10 月，头茬花集中采期可一般在 4 月上中旬至 5 月中下旬，以后每隔 30～40 天采收 1 茬花。

### （四）本地喝法

采收回的金银花采用"烤房四段变温烘干技术"烘制，具体要求如下。

**1. 烤房建造**

根据种植面积大小确定烤房建造规模，一般每 667 平方米金银花约需烤房 4～5 平方米。烤房一般为平房，其建造方式有 2 种。

（1）单排烤架式 烤房长度根据金银花面积大小而定，宽度 2～2.2 米，高 2～2.5 米，设一门一窗，顶部设 2 个排气孔。烘干架顺房的长边一侧建造，宽 0.8 米，高 2～2.5 米；其中，0.8～1 米高处为最低层，向上每隔 15～20 厘米为 1 层，共 6～10 层。

（2）双排烤架式　烤房长度随金银花面积大小而定，宽2.5～3.2米，高2～2.5米，设一门一窗或两窗，房顶部或近房檐处设2～3个排气孔。无论单排式或双排式，都要求烤房的内壁光洁，不透气。

**2. 烤炉布置**

为保证金银花快速干燥和烘烤质量，烤房内应有足够的火力，一般每2～3平方米应有1个火炉。火炉放置位置应在走道内，火炉上安装排气筒，以避免或减少二氧化硫等有害气体对金银花的污染。

**3. 温度控制**

开始烘干时，温度控制在30～35 ℃；2小时后，将温度提高到40 ℃左右；再经5～10小时，温度提高到45～50 ℃，维持10小时；最后，温度提高到55～58 ℃，最高不得超过60 ℃，烘干总时间不超过24小时。若温度过高、烘干过急，则花蕾发黑、质量下降；若温度太低、烘干时间过长，则花色不鲜，呈黄白色，也影响质量。

**4. 操作方法**

烘干时，先将采回的花蕾撒在竹、苇等材料制成的方形烤盘内，置最下层，每2～4小时向上移动1次；移至上层后要注意检查是否干燥，达到干燥标准后及时收下储藏。干燥的标准为捏之有声、碾之即碎。在花蕾干燥前，不能用手触摸或翻动，否则会使花蕾变黑、降低品质。烘干后，要剔出枝叶，除去杂叶，以保证质量。

**5. 冲泡方法**

秀山金银花茶（图2-49）的冲泡方法就跟常见泡茶方法一致，仅在温度上有所区别。

图2-49　秀山金银花茶

（1）沸水冲泡法　将适量的秀山金银花茶放入杯中，倒入 80～90 ℃的沸水，浸泡 2～3 分钟即可饮用。

（2）冷泡法　将适量的秀山金银花茶放入茶具中，加入冷水，置于冰箱中，浸泡 6～8 小时或过夜，可在热天饮用。

## 三、万州"三峡红"工夫红茶

### （一）万州"三峡红"工夫红茶的起源

万州种茶历史悠久。据东晋《华阳国志·巴志》记载："武王既克殷，以其宗姬封于巴；其地东至鱼腹，西至僰道，北接汉中，南极黔、涪；贡品有丹漆、茶、蜜、灵龟、巨犀、山鸡、白雉、黄润、鲜粉；贡品中果实之珍者，树有荔支，蔓有辛蒟，园有芳蒻、香茗给客、橙、葵。"在距今 3 000 年前，巴国境内已经有人工茶园培植茶叶，并且以贡品的方式献给周王室。书中的"鱼腹"正是现万州区太安镇、白羊镇、黄柏乡区域。

中华人民共和国成立后，万州区茶产业得到了蓬勃发展。很多乡（镇）都建起了集体茶场、茶叶初加工厂。到 20 世纪 70—80 年代，万州区茶产业进入鼎盛时期，年产出口红碎茶 1 200 吨。万州茶叶远销欧美，按当时可比价的年创汇计算，销售额达 200 多万美元。20 世纪 90 年代后期，受国外金融危机的影响，万州茶叶出口量骤减，万州茶产业发展走入低谷。

进入 21 世纪后，茶叶作为具有生态保护和山区农民增收双重效益的理想经济林木，受到万州区委、区政府的高度重视。在"十三五"期间，重庆市将万州区确定为全市茶叶产业 5 个重点区（县）之一和"渝东北生态好茶区"的中心，工夫红茶得到较快发展。

### （二）万州"三峡红"工夫红茶的产地环境及品种特性

万州"三峡红"工夫红茶产自中国茶叶优势产业带——北纬 30°三峡库区优质绿茶产区中心，区域内气候独特、雨水充沛，年平均气温 15～18 ℃，1 月平均气温≥3 ℃，≥10 ℃的年均积温 4 500 ℃以上，年均日照时数≥1 000 小时，年均降水量≥700 毫米。茶叶基地大多选址在海拔

600~1 200 米的山地上，森林覆盖率高，土壤 pH 4.5~6.5，有机质含量 220 克/千克，有效氮含量 2 120 毫克/千克，有效磷含量 2 100 毫克/千克，有效钾含量 2 100 毫克/千克。

万州"三峡红"工夫红茶（图 2-50）色泽褐红、润泽，条索紧结，毫尖金黄，香高持久，尽显"甜花蜜香"；泡得的茶汤汤色红亮、滋味鲜醇。万州"三峡红"工夫红茶的制作工艺，结合了乌龙茶的做青工艺或日光萎凋工艺，以万州区当地茶鲜叶为原料，通过调节发酵温湿度及供氧量，生成具有地域香、薯香、花香的工艺改进型工夫红茶。

图 2-50　万州"三峡红"工夫红茶

### （三）本地采法

红茶采摘的时间基本为春、夏二季。其中，清明至立夏时，采摘的为头茶，也称"春茶"；据此 20 天后，采摘的为二茶，也称"夏茶"；其后，再采为三茶，也称"秋茶"。除滇红等南方茶区外，多数茶区很少采秋茶。在春、夏、秋三季茶中，以春茶质量最好。

鲜叶采回后要进行分级和摊放。根据嫩度、新鲜度和均匀度的不同，可分为特级和 1~5 级。若叶子受伤红变，或遭严重病虫害，以及采摘粗放、老嫩混杂者，则需单独存放、降级处理。鲜叶摊放要选择阴凉、湿润、空气新鲜、场地清洁的地方，以保持新鲜状态。摊放厚度一般以 15 厘米左右为好，且每隔 1~2 小时翻拌一次，以方便生叶均匀挥发表面水分。分级后的鲜叶，摊放时间越短越好，尽快进入初制程序，以保持和提高茶叶鲜浓馥郁的香味。

管理好鲜叶是制茶的前奏，具体要求一是嫩度、二是匀度、三是净度、四是鲜度，即尽量整齐归类、等级明晰。

### (四) 本地喝法

在万州区，喝红茶是一种融入日常生活的传统。工夫红茶以其独特的醇香和浓郁口感在当地备受喜爱。在这个美丽的地方，人们对红茶有着独特的品味方式。

在这片土地上，功夫泡茶是一种常见的方式。人们会使用传统的茶具，通过精致的泡茶技艺展现红茶的深邃之美。将适量的红茶叶放入茶壶，注入适温的开水；细心等待一段时间，直至茶香四溢；而后，倾心品味。

社交时也是品茶的好时机。亲朋好友聚在一起，共同品味红茶，分享彼此生活的酸甜苦辣。这种场合下，茶水成为交流的媒介，也增添了彼此间的亲密感。

在喝红茶时，搭配当地特色食品是另一个让人流连忘返的体验。或是一款传统的糕点，或是当地特产小吃，这些食品与红茶相得益彰，营造出独特的口感和体验。

万州红茶的喝法还融入了当地特色文化。在这里，红茶不仅是一种饮品，更是一种传承和表达文化的方式。

## 第十一节 中药材

重庆市中药资源丰富，共有中药材5 832种，占全国药用动物、植物总数的48%；全国363个重点品种，重庆市分布有306种；在品种数量与资源蕴藏量上仅次于云贵川等地，是我国传统中药材主产区。2019年，重庆市拥有中成药及中药饮片规模以上企业48家；产值超过10亿元的中药企业有4家，分别是涪陵制药厂、葵花药业、希尔安药业、桐君阁药厂；其中，涪陵制药厂的藿香正气液单品种销售收入突破 15 亿元。重庆市全年中药工业实现产值 212.8 亿元，产值总量为全市医药工业的 1/3；其中，中成药实现产值 180.1 亿元、同比增长 10.5％，中药饮片实现产值 32.7 亿元、同比增长 8％。

目前，重庆市道地大宗中药材种植品种主要有黄连、青蒿、山银花、玄参、川党参、枳壳等 30 余种。重庆市各大药企也在市内外建有种植基地。其中，太极集团在甘肃、西藏、海南、内蒙古、四川、重庆等地拥有 24 个品种的中药材种植基地，泰尔森制药有黄连、何首乌、山茱萸、桑葚 4 个品种的种植基地；重庆天圣制药有限公司建有枳壳、丹参、大黄、桔梗等种植基地。

## 一、石柱黄连

### （一）石柱黄连的起源

石柱土家族自治县盛产名贵中药材黄连，有"中国黄连之乡"的美誉。据史料记载，唐天宝元年（742 年），该地"上贡黄连十斤，木药子百粒。"（北宋）地理总志《太平寰宇记》（卷一百四十九）载："忠州领五县：临江、丰都、垫江、南宾（今石柱）、桂溪，土产苦药子、黄连……唯南宾（今石柱）县产黄连。"元末明初（约 1360 年），石柱土家族自治县开始人工栽培黄连。清乾隆四十年（1775 年），《石柱厅志》记："药味广产，黄连尤多，贾客往来，络绎不绝。"20 世纪初的民国时期，石柱黄连年产量即达 4 000 担。民国二十三年（1934 年），中国银行所编《四川省之药材》记："味连，只有家种，专产石柱。"1959 年，《四川医学院学报》中《黄连史》曰："峨眉、洪雅野生品种驰名天下，石柱栽培品种品质优良，产量甲全国。"1989 年，在首届中国道地药材学术研讨会上，石柱黄连被确认为道地黄连。

### （二）石柱黄连的产地环境及品种特性

石柱黄连，主要生长在黄水国家森林公园大风堡原始森林区和七曜山中山区；因主产于黄水森林公园，故又称"黄水黄连"。该区域的土壤大部分为腐殖质黄棕壤和森林黄棕壤，酸碱度为酸性至微酸性，土壤中氮、磷、钾含量高，是栽培黄连的最佳土壤。该区域植被丰富，森林面积占土地面积的40%～60%。因黄连喜冷凉、忌高温，喜湿润、怕强光，耐肥、不耐瘠，植被状况能充分满足黄连生产"搭棚遮荫"的特殊需要；故该地所产的黄连品质优良，被称为"国药""道地黄连"。

"神农牌"石柱黄连（图2-51）具有枝肥、肉厚、条长、色艳和有效成分含量高等特点。其小檗碱（Berberine）（又称黄连素）含量达5.20%～7.69%（《中国药典》2000年版规定不得小于3.6%）；黄连生物碱[黄连碱（Coptise）、甲基黄连碱（Worenine）、巴马亭（Palmatine）、药根碱（Jatrorrhizine）等]含量在0.5%以下；此外，尚含木兰花碱（Magnoforine），以及一种青荧光酸（Lumicaruleic acid）——阿魏酸（Ferulic acid）。

图2-51 "神农牌"石柱黄连

### （三）本地种法

#### 1. 土壤要求

以上层深厚、肥沃、疏松、排水良好、富含腐殖质土壤和砂壤土为好。土壤pH 5.5～7为宜。忌连作。早晚有斜射光照的半阴半阳的缓坡地最为适宜，但坡度不宜超过30度。传统多用开山搭棚栽连，也可利用林间栽连或同其他作物套作。林间栽培时，宜选用郁闭度较好的矮生常绿或落叶阔叶混交林、常绿针阔叶混交林为好，不宜选用高大乔木。熏土比不熏土好，选晴天，将土表 10～15 厘米的腐殖土翻起，拣净树根、石块，待腐殖土晒干后，收集枯枝落叶和杂草堆积在土堆下方，进行熏土。熏土可提高土壤肥效，杀死病虫害和杂草。把 3～4 吨农家肥作基肥混在熏土中，撒在耕翻 15 厘米的地上，拣净树根等杂物，整平，作畦沟宽 50 厘米、深 30 厘米以排水。

**2. 播种**

直接采收后的种子可在夏季播种。最好是储藏后熟的种子，选在 12 月播种（也可来年开春播种）。亩播量 2～3 千克。播种前用细腐殖质土 20～30 倍与种子拌匀，按量撒播畦面，可覆盖 1 毫米微细土。在冬季干旱地区，播种后盖一层落草，以保持土壤湿润；翌春解冻后，揭去盖草，以利出苗。苗床土质不需播撒化肥和农家肥、除草剂等化学物质，让其自然出苗；出苗有 3 片叶后，可以但不建议在雨天微量喷洒农家肥（小便 1 千克兑水 50 千克，喷洒 1 亩）追苗。苗床需除草保肥。

**3. 移栽**

幼苗移栽可四季移栽，最好在 3 月、6 月、9 月移栽。移栽宜在阴天或雨后晴天进行，取生长健壮苗，连根挖起，剪去部分须根，留 3 厘米长，按行距×株距 12 厘米×10 厘米栽植，每亩移栽苗 6 万株左右。栽苗深度视移栽季节和苗大小而定，春栽小苗可栽浅些，秋栽大苗可稍深些；一般为 3～5 厘米，地面留大叶片即可。通常上午挖苗，下午栽种。若起地苗当天未栽完，应摊放阴湿处，于第二天栽种。在栽种前，可用 0.05～0.1 毫升/升的 ABT 生根粉浸根 10 分钟，可明显提高黄连苗移栽成活率，促进其生长发育。

**4. 苗期管理**

播种后，翌春 3—4 月出苗，出苗前应及时除去覆盖物。当苗具有 1～2 片真叶时，按株距 1 厘米左右间苗，6—7 月可在畦面撒一层约 1 厘米厚的细腐殖土，以稳苗根。荫棚应在出苗前搭好，1 畦 1 棚，棚高 90～150 厘米，郁闭度控制在 80%～90%，也可采用林间育苗。

**（四）本地吃法**

石柱黄连因其药用价值而广受欢迎，也可以用于食物制作。一种常见的做法是将石柱黄连研磨成粉末，然后混合到面粉中，制成石柱黄连面食，如石柱黄连面条或石柱黄连馒头。这些食物既具有独特的苦味，又富含药用成分，有助于改善消化功能。此外，石柱黄连也可用于调制石柱黄连茶，将研磨成粉末的石柱黄连与热水混合，制成药用茶（图 2-52），以增强身体的抵抗力。

图 2-52　黄连药用茶

## 二、垫江丹皮

### （一）垫江丹皮的起源

关于垫江丹皮《本草品汇精要》有"《图经》曰：生巴郡山谷，汉中、丹、延、青、越、滁、和等州山中皆有之"的记载，并在"道地"项下记载"巴蜀、剑南、合州和州宣州者并良"。《国花大典》阐释："巴郡，在原四川省，指重庆、南充至剑阁的广大地区，即川东一带；合州有二，指重庆附近和广东雷州半岛。此指前者可能性较大。"廖谟高考证："现今垫江县名，是西魏恭帝二年始建（析临江县地置垫江县），恭帝前的垫江县是指今合川区。现今垫江县域内曾由州、县所割：西属邻州，东南属丰都，东北属忠州。北周、隋、唐、宋、元、明、清均有改割或析。但无论江州还是巴郡，都辖现今垫江全境，而据巴郡诸县志察，唯垫江县有牡丹种植历史。"因此，"生巴郡山谷""合州者佳"均为对今垫江牡丹的历史记载。

始建于南梁大通年间的垫江新民镇大通寺，建成当年已把牡丹作为寺花栽培，其历史有 1 470 年以上。在当地已发现的一些明清时期古墓上刻有牡丹图案，以及一些古建筑的门窗、床头上也雕有牡丹图案。另据民国六年（1917 年）版《垫江乡志》记载："本境货丹皮远销重庆、达县等地，年值银数百两。"民国七年（1918 年），垫江县外商人在太平场（今垫江太平镇）设点收购粉丹、丹皮。《垫江县志》记载：民国十五年（1926 年），粉丹可换黄谷 1 石。由此可见，垫江县牡丹的种植历史悠久，有资料可查的历史就有 1 500 年以上。

### （二）垫江丹皮的产地环境及品种特性

垫江丹皮适宜生长土壤为石骨子土、矿子黄泥土、粗骨性黄泥土、大眼泥和黄沙土等。这些土壤主要由雷口坡组紫红色粉砂质水云母岩，嘉陵江组、雷口坡组灰岩，以及雷口坡组浅灰黄色粉砂质水云母岩风化、发育而成。垫江丹皮主产地位于海拔 400～800 米。

重庆市直辖前，垫江丹皮（图 2 - 53）被称为"川丹皮"，与著名的安徽"凤丹"齐名，是全国丹皮的两大品系。垫江丹皮外表灰褐色，内为赤褐色，具有肉厚、粉质足、亮银星、香味浓、药用功效好、高酚含量高（平均值为 2.78%，高出全国平均值 0.25%）的特点。垫江丹皮药材呈筒状或呈片状，筒多细瘦，肉薄，质松，具有亮银星，有香气，味微苦而麻；主要用于抗病原微生物、抗心肌缺血、抗炎、保肝、降血糖，以及清热凉血、活血化瘀等临床应用。

图 2 - 53　垫江丹皮

### （三）本地种法

**1. 品种选择**

垫江丹皮品种以太平红为主，分重瓣和单瓣两种类型。单瓣牡丹，可形成果实，种子发育不全，小如芝麻粒，不能作种用；重瓣牡丹，雌蕊退化不育。

**2. 繁殖方法**

垫江丹皮采用分株无性繁殖。在每年秋后9月下旬或10月上旬采收丹皮时，先将牡丹挖出，除掉泥土、病根和伤根，晾1～2天再分株。分株是顺势将植株分成数枝，除去老枝，选根干匀称、带有细根和2～3个健壮芽的苗。

**3. 整地栽种**

9月下旬至10月下旬，选择疏松、肥沃、排水良好的坡地，开1米高畦栽种。亩施腐熟厩肥或堆肥2 500千克，行距60厘米，株距50厘米。每亩用种苗1 800株左右。每窝栽1株苗，填土后压实踩紧。

**4. 田间管理**

按照春开花、夏长叶、秋长根、冬休眠的生长习性，每年2月施萌动肥，促进枝叶萌发；5月谢花后，施花芽分化肥；10月，每亩施人畜粪水1 500～2 000千克，或施油饼、磷肥、草木灰，使其好越冬。同时，每年2月、4月，浅中耕10厘米左右并除草；10—11月，深中耕25厘米左右，使其土壤疏松透气，利于冬休眠。

**5. 病虫及草害防治**

病虫防治应重点防治好"二病二虫"，即褐斑病、根腐病、蛴螬、蟮虫。按照"预防为主，综合治理"的总方针，以农业防治为基础，根据病虫发生、发展规律，因时、因地制宜，合理运用物理机械、生物防治、化学防治等措施，经济、安全、有效、简便控制病虫害。化学防治要对症下药、合理使用，注重喷药质量，减少用药次数，交替使用机制不同的药剂，选用高效、低毒、低残留和对天敌杀伤力低的药剂，严格执行农药使用安全间隔期。中耕除草、秋后清园，牡丹地应经常保持疏松、无草状态；雨后应及时翻地松土、除草，每年翻地次数应在5次以上。10月下旬至 11 月上旬，应及时摘除枯叶、病枝，彻底清园；清园后，应将枯叶、病枝烧毁或深埋。

**6. 采收加工**

牡丹栽种后 4~5 年即可收获，一般在 9 月下旬至 10 月上旬进行采收。先挖四周泥土，然后将全株挖起，除去细根和泥沙，剥取根皮或刮去粗皮，除去木心，晒干。剥取根皮的，习称连丹皮，也称原丹皮；刮去粗皮的，习称刮丹皮。细根和须根直接干燥，即是丹须。目前，每亩可产丹皮 200~350 千克。

### (四) 本地吃法

垫江丹皮因滋补功效而著名，除开药用价值，也常用于美食制作。一种传统的制作方法是用垫江丹皮包裹糯米，制作成垫江丹皮糯米糕。这款糕点既美味又有益健康，常被认为具有养颜美容的功效。此外，垫江丹皮还可以加入糖水，制成甜品，如垫江丹皮红豆汤，以满足不同口味的需求。

## 三、彭水苏麻

### (一) 彭水苏麻的起源

《新唐书·长孙无忌传》载有"一品俸置于黔州"（唐代黔州治所就是彭水郁山）。《唐六典·膳部郎中》规定："一品俸每月食料：细白米二升，粳米、粱各一斗五升，粉一升，油五升，蜜三合，苏一合……"这也是目前武陵山脉地区"紫苏"最为明确的记录。

清代，彭水苏麻被描述为"条干并节，大叶繁枝，茸纷披，凌群独秀"。当地人常采苏子，炒制后舂成粉状，做汤圆馅料、蘸滋粑、蘸红薯；苏麻嫩叶采做时蔬食用。在《彭水苗族土家族自治县民族宗教志》中有关于苏麻治愈肝硬化的明确记录。据《彭水县志》《彭水百科》《彭水苗族土家族自治县民族宗教志》等记载，苏麻是一种可入药的油料作物，也有将"紫苏"作为皇室贡品的记录。

## （二）彭水苏麻的产地环境及品种特性

彭水苏麻生长于中国南部山区腹地的重庆市东南部，武陵山脉与大娄山交汇的乌江流域，北纬30°附近，海拔400～1 000米。彭水苏麻种植地以高中山、丘陵为主，主要土壤为冲积土、紫色土、黄壤；植被腐殖质丰富，森林覆盖率为39%。彭水苏麻产地属中亚热带温润季风气候区，四季分明，春早、夏热、秋长、日照充足，雨量充沛，气候温和，无霜期长，霜雪稀少，适宜紫苏生长。

彭水苏麻（图2-54）幼苗长势强，幼苗期叶底紫红色，叶唇形复叶，叶缘锯齿状，香气馥郁；成熟期株高1.5～2.0米，花萼白，蕊浅紫色。籽实圆形，棕褐色，少部分表皮有纹理，泛灰黑色或棕褐色，苏子咀嚼有核桃沁润香。生长期不低于240天。具有抗血栓，降低血压、血脂、胆固醇的作用，对视觉功能和学习行为有促进作用，对过敏反应及肿瘤生长有抑制作用。用彭水苏麻叶泡水喝，可增食欲、助消化及防暑降温，还可预防感冒及胸腹胀满。民间还有用苏梗煮水保胎的说法。

图2-54　彭水苏麻

## （三）本地种法

### 1. 产地选择

建立彭水苏麻种苗基地，适宜选择在前茬没种植唇形科植物、向阳通风、保水保肥的壤质土上。栽植地和直播地宜选阳光充足、排灌方便、疏松肥沃的沙质壤土、富含腐殖质的壤土、pH 6.3～7.2 的中性或微碱性的土壤种植为佳。

**2. 品种选择**

采用当地品种，或适宜彭水种植的高产优质品种。

**3. 留种选择**

彭水苏麻在生产上采用种子繁殖，因此能否留好种子对彭水苏麻的产量和质量至关重要。留种的彭水苏麻种植宜稀，以行距、株距 1 米×0.66 米为宜。彭水苏麻种子成熟期为 11 月下旬至 12 月上旬，采收要适时。选择品种纯正，分支低，分支多，果穗长，株型紧凑的植株。当果穗下部 2/3 长的一段果萼变成褐色时，即应采收。采收时，将果穗割下，阴干，脱粒，簸净，置干燥低温处保存。

**4. 生产记录**

生产措施、病虫害发生情况、农药使用情况、生物天敌、气候变化对彭水苏麻品种繁育的一系列影响，需要全过程记录，以对原生物种的繁衍及变异做出合理的科学解释和进一步研究。

**（四）本地吃法**

彭水苏麻属于一年生喜阴植物，所以生长期较长。其叶缘呈锯齿状，成熟期植株可高近 2 米，圆形的籽粒以灰褐或灰黑色居多，苏叶则散发迷人的沁润芬芳。彭水苏麻兼具药用与食用价值，苏叶、苏梗和苏子，各有不同的妙用。在换季得了风寒感冒时，苏叶便是人们的常用品；因其辛温、不甚燥烈的特点，所以可用来发汗解表。苏梗为苏麻的茎，具有行气宽胸的作用。苏子是苏麻干燥成熟的果实，经常用来降气消痰和止肠燥便秘；搭配厚朴、陈皮和半夏，可成为降气之品；或者与火麻仁、瓜蒌仁、杏仁同用，起润肠通便之疗效。

彭水苏麻油（图 2-55）具有水状泛绿、渗透性强和易吸收等特点，富含 α-亚麻酸和维生素 E，在护肝降脂、保护视力、益智健脑和抗过敏等方面可起到极佳之作用。彭水苏麻油已远销上海、深圳、北京及韩国等市场。

图 2-55　彭水苏麻油（彭水紫苏油）

# 第三章

# 重庆山地"三本"农业主要模式 ⓪³

## 第一节 山地种养结合模式

### 一、山地种养结合模式的产生

自改革开放以来，我国养殖业蓬勃发展、增长迅猛，养殖规模不断扩大；畜产品产量持续增加，而且品质日益提高。这不仅满足了城乡居民对畜产品消费的增长需求，也为农业增产增收开辟了广阔途径。近年来，我国畜禽养殖行业规模化养殖比重不断提升，畜禽粪便排放量呈快速增长态势。每年，我国约产生38亿吨畜禽粪污，然而畜禽粪便的综合利用率仅不到60%。未经处理的畜禽粪便对环境造成了巨大的压力和潜在的隐患。尽管部分经营主体能够将畜禽粪便进行堆肥发酵，并生产成有机肥进行销售；但是由于使用粪肥所需的人工成本较高，农业经营主体对于使用粪肥的积极性仍有所不足。在农业生产过程中，农业经营主体常会过度使用化肥和农药，导致土壤结皮，造成了农业面源污染；同时，直接排放养殖废弃物，引发了严重的环境污染，成为放错位置的资源。此外，饲料作物和农作物秸秆等资源的配置问题，也拖累了农业生产效率的提升。

近年来，我国政府和农业管理部门将种植业和畜牧业的可持续健康发展视为重中之重。在这一发展理念的指引下，种养结合模式得以应用和推广。传统的种植业主要以分散的家庭农场为主，畜牧业作为一种附属产业依附于其周边发展。种养结合模式则将过去单纯从生态环境中获取资源的状态转变为减少资源消耗和资源循环再利用。例如，通过减少养殖过程中饲料投入的数量，能够降低养殖企业（场）的生产成本；同样，通过减少种植过程中化肥和农药的使用量，可以改善土壤的质量。这一模式促进了种植业和畜牧业的良性互动，实现了资源的有效利用和循环利用，为两者的可持续发展开辟了道路。

2015年5月，农业部发布《全国农业可持续发展规划（2015—2030年）》中指出"优化调整种养业结构，促进种养循环，推进生态循环农业发展"。在中央财经领导小组第十四次会议中，习近平总书记强调，加快推进畜禽养殖废弃物处理和资源化，关系6亿多农村居民生产生活环境，关系农村能源革命，关系能不能不断改善土壤地力、治理好农业面源污染，是一件利国利民利长远的大好事。力争在"十三五"时期，基本解决大规模畜禽养殖场粪污处理和资源化利用等问题。2017年的中央1号文件提出，推进农业清洁生产，大力推行高效生态循环的种养模式；加快畜禽粪便集中处理，深入推进化肥农药零增长行动，开展有机肥替代化肥试点，促进农业节本增效。文件还强调规模养殖场要开展畜禽粪便资源化利用，鼓励新型农业经营主体使用有机肥。

重庆农业科技的发展催生了山地种养结合模式。农业科技是推动重庆农业和农村经济可持续发展的强大动力。自1986年以来，重庆市牢固树立科技是第一生产力的思想，全面实施"科教兴农"战略，农业科技创新取得明显进步，主要农作物、主要畜禽良种基本实现全覆盖，农业科技成为重庆现代农业发展的重要驱动力量。"七五"期间，重庆市以种养业为重点的农业科技工作取得长足发展，农业科技进步贡献率提高到30%。粮食生产和自给能力大幅提升，基本解决全市人民温饱问题。1986年，"长江鲟内塘驯化和人工繁殖试验研究"达到国际先进水平。1987年，杂交水稻良种自给率达74%，"七五"期间累计推广杂交水稻2.760万亩、杂交玉米1.238万亩，分别比"六五"期间增长80%、25%。1972—1988

年，以瘦肉猪生产配套技术、猪人工授精优化配套技术、肉兔生产配套技术、规范化稻田养鱼高产技术为主的牧、渔"丰收计划"得到大力实施，大幅度提高了养殖业生产力水平。1990年为农业科技成果推广年，确定了科技兴农之路，再生稻、半旱式栽培、稻田养鱼成为重庆农业"三绝"，为鱼、稻双高产提供了新经验。时任国务院总理李鹏批示，认真推广重庆经验。2015年，重庆农业科技进步贡献率从"七五"时期的30％提高到57％。农业科技的发展为重庆山地种养结合模式的形成奠定了坚实基础。

重庆丰富的畜牧业资源促使产生了山地种养结合模式。近年来，畜牧业的可持续健康发展是我国政府和农业主管部门关注的重点问题之一。重庆市地域辽阔，境内地理环境复杂，社会经济多样。经过巴渝人民长期驯化、饲养和群选群育，经历漫长的历史演变，各类畜禽在巴渝大地上形成了丰富的地方畜禽遗传资源。重庆的畜禽种类较齐全，现有猪、牛、羊、马、驴、鸡、鸭、鹅、兔、鹌鹑、鸽、蜂12类52个品种。广大农民在长期的饲养培育过程中，育成一些具有地方特色和相当声誉的优良品种。例如，如荣昌猪是世界八大、中国三大良种猪之一；此外，黑猪、涪陵水牛、本地黄牛、黑山羊、白山羊、板角山羊、石柱长毛兔、土鸡、荣昌白鹅、麻鸭等地方品种，品质良好，深受群众欢迎。种养结合模式是指，通过种植饲料作物及回收作物秸秆为畜牧业提供食源，畜牧业排出的粪便经过发酵制成有机肥还田，充分将物质和能量在动植物之间进行转换循环，形成物质能量互补的生态农业系统的生产组织模式。种养结合模式的实质是稳定发展种植业和畜牧业，基于此建立高效运转的、完整的畜牧业生产体系。

## 二、山地种养结合模式的内涵

山地种养结合模式是针对重庆山地地形特点而提出的一种农业模式。其核心理念在于将畜禽养殖产生的粪便和有机物加工成有机肥，供应给种植业使用；而种植作物则能够为畜禽养殖提供饲草。这一模式构建了良好的物质和能量循环，有效地实现了畜禽养殖业和种植业之间的资源循环利用，实现了种植业与养殖业的相互促进和共同发展。值得一提的是，通过对养殖业废弃物的资源化循环利用，减少了农业生产对生态环境的污染，为种植业和养殖业的可持续发展创造了良好条件。

山地种养结合模式作为重庆种植业和养殖业紧密结合的一种新型农业发展模式，不仅仅是简单地将两个产业结合在一起，而是需要内外部因素有机配合、相互协调、相互促进、相互发展，形成一种绿色循环、资源优化、经济效益和生态效益协调统一的新型发展模式。在实际应用中，大量使用化肥和农药是农作物种植环节中的现实问题；而过度使用化肥和农药会破坏土壤结构，直接影响土壤肥力和农作物品质。因此，推广山地种养结合模式具有重要的现实意义。对于养殖业而言，山地种养结合模式还能够实现畜禽废弃物的资源化利用，挖掘其潜在价值，以实现降低养殖成本的目标。

山地种养结合模式对促进农业发展和生态环境保护起到了积极的作用，主要表现在以下6个方面：一是改善区域种养业发展结构：山地种养结合模式推动了农业发展结构的优化和调整，实现了种植业和畜牧业的良性互动；通过资源的循环利用和相互依存，使得农业的发展更加协调和可持续。二是优化农村劳动力资源分配：通过发展种植业和畜牧业相结合的模式，山地种养结合模式提供了农村劳动力就业和收入增加的机会，改善了农民的生活条件。三是增加农村专业技术人员数量：山地种养结合模式的推广和应用，使得对农业专业技术人员的需求增加了。通过培训和引导，提高了农村专业技术人员的数量和素质，促进了农业技术的创新和应用。四是促进农业新技术应用推广：山地种养结合模式鼓励和推广农牧业的新技术、新方法。通过技术创新和示范推广，提高了农业生产效率，降低了资源消耗和环境污染，推动了农业的可持续发展。五是促进农业增产和农民增效：山地种养结合模式改善了农业生产的效益和效率。通过充分利用畜禽养殖废弃物进行有机肥料生产，减少了化肥的使用，改善了土壤质量，提高了农作物的产量和品质。同时，农业的相互依存和资源循环利用，降低了农业生产成本，增加了农民的收入。六是提高区域农业现代化发展水平：山地种养模式推动了区域农业的现代化发展。通过资源优化配置、科技创新和产业协调发展，提升了区域农业的综合竞争力和可持续发展水平，为农村地区的经济繁荣和社会进步作出了贡献。

　　需要注意的是，山地种养结合模式的合理性不是绝对的，在实践过程中还要充分考虑以下几个问题。首先，对于种养结合方式的选择，需要注重科学性和合理性；在实施种养结合的过程中，农户应根据本地养殖业的实际情况，精选适宜的种植品种，并充分分析考虑当地土地资源承载力指数，确立合理的作物种植密度。同时，养殖企业应根据所处地区条件和自身发展需要，选择合适的畜禽品种进行养殖；并综合考虑周边种植业对畜禽粪污的消纳能力，合理规划养殖密度。其次，需充分考虑地区特色，选择相互促进的种养品类。山地种养结合模式的推行需要适应当地环境需求、科学配置，有效结合当地气候变化、土质特点、水源特征等因素，发展适合当地生产的农作物，以确保农作物的最低产量，并尽可能实现经济上的高速发展。山地种养结合模式对于周边基础设施要求较高，需要完善的肥料处理设施、信息化保障设备及良好的基础环境，以确保资源循环体系的有效建立，为种养结合模式的平稳运行提供支持。再而，需要进行农业技术培训，提升农民职业技能。人才是推动乡村振兴发展的关键。提高对农业职业培训的关注度，可以培养农民形成正确的养殖观和种植观，对山地种养结合模式的推广应用起到重要作用。相关部门不仅应给予农民政策支持，还需派遣专业技术人员为农民提供服务，提高种养规划质量，并帮助农民找到最合适的畜牧养殖模式和植物种植模式，提高种养质量。此外，也需要提高种养规划的科学性和合理性，增强种养工作之间的联系，帮助种养企业实现优势互补和合作共赢。例如，不定期开展种植业和养殖业的技术培训，宣传推广先进的处理技术和种养技术，提高农民的技术水平；引进高素质的专业人才，组建高水准的农民团队。另外，需要宣传推广各种先进理念，如种养业的循环发展理念、人与自然的和谐共生理念、可持续发展理念和社会和谐理念等，为种植业的发展营造良好的外部环境。早日构建出资源节约、环境友好和质量安全的农产品生产与消费环境，宣传绿色种养方式，帮助农民养成良好的种养习惯。最后，应针对现有的农牧业种养资源进行整合，提高资源利用率；并针对具有潜力的企业提供专项支持，形成产业合作力量；推动当地养殖业的发展，提高农民的经济效益。

### 三、山地种养结合模式的价值

山地种养结合模式的价值主要体现在生态效益、经济效益和社会效益。

**1. 生态效益**

山地种养结合模式所具有的生态效益，指的是相较于传统的种养分离模式，其使农业对农田、养殖场及周边区域的生态环境，包括空气、土壤、地下水等方面的影响得到改善。山地种养结合模式在生态保护方面扮演着重要的角色，众多学者和政策制定者已经达成了减少污染的共识。

2017年，农业部的《种养结合循环农业示范工程建设规划（2017—2020年)》指出，种养业废弃物乱扔乱放问题突出，急需通过种养结合模式推动农业生产过程中的减量化、再利用和资源化，提高农业资源循环利用效率，遏制和减少农业面源污染，促进农业的可持续发展。目前，我国农村地区的主要劳动力大多是出生于50至70年代的人群，人均文化水平较低，只有小学程度。由于基础教育的缺失，他们在农作物种植过程中无法掌握科学合理的方法，导致过度使用农药和化肥。农药和化肥的残留不仅降低了农作物的品质，还对周围环境造成破坏。农村地区由于缺乏人才的指导和技术的支持，在农作物种植过程中存在严重的环境污染问题。随着农村种植业和养殖业规模的不断扩大，农村生态环境面临巨大的压力。随着乡村振兴战略的提出，人们对农村环境污染问题的关注与日俱增。

当前阶段，农业发展的主要劳动力大多转向二三产业，而农作物种植规模不断扩大，投入的化学肥料对环境造成的污染越来越严重。同时，养殖规模的不断扩大导致产生的粪便无法及时处理，进一步加剧了环境破坏的情况。山地种养结合模式可以通过建立种植业和养殖业的资源循环体系，从而减少对环境的污染。

**2. 经济效益**

在农业的种植业水平不断提高、科技不断进步的过程中，农村发展以乡村振兴为目标，在确保总产量的同时，需要紧紧抓住高质量发展的机遇，不断优化养殖业和种植业的产业结构；并在合理的范围内降低成本，增加农作物的收益。通过种养结合的模式，实现资源的循环利用，并在一定程度上保证环境的清洁。因此，需要根据资源的承载能力、种养业废弃物的总量及土地的消纳半径，合理布局养殖场，并相应地建设草料种植场和粪污处理设施。同时，根据市场需求，引导农村种植业和养殖业的发展方向，实现粮食和经济作物的精细化种植，帮助农民大量生产以提高农作物的收益。通过不断优化产业结构，实现种植业和养殖业的循环模式，同时积极发展绿色农业，有助于提高农业经济的稳步发展。

采用山地种养结合模式的生态循环农业，可以提高整个系统的产值，相比单一的种植系统，收入更加可观。通过将农业废弃物（如秸秆和畜禽粪污）转化为资源，提升其经济价值。同时，由于采用山地种养结合模式的生态循环农业可以产出更高品质的种植产品，价格更高，总体收益也更大。

通过采用山地种养结合模式的生态循环农业，将种植、养殖系统产生的废物转化为宝贵的资源，降低了生产成本。由于采用山地种养结合模式的生态循环农业可使种植系统减少化肥的使用量，从而实现降低生产成本的效果。

**3. 社会效益**

在我国，人均土地资源和淡水资源有限，仅占世界耕地和淡水资源的10%和6%，却需要养活全球20%的人口。为了向可持续发展的方向转变，农业必须从先污染后治理的大开发和竭泽而渔的发展方式转变过来。山地种养结合模式实现了农业的生态化、循环化，并减少了对化石资源的消耗。在满足现代人对农产品需求的同时，不会对生态环境造成损害。

随着社会的进步，人们对农产品质量的要求越来越高。在山地种养结合模式下，所产出的农作物品质得到了提升，能够满足人们日益增长的质量需求。此外，山地种养结合模式作为一种农业特色模式，为社会提供了就业和创业的机会。

## 四、山地种养结合模式的体现

重庆市地处长江上游、四川盆地东南部,地貌以丘陵、山地为主,多梯田,气候湿润、雨量充沛,冬暖夏热。目前,重庆市河流水面 127 万亩,水库水面 158 万亩;稻田面积 1 000 多万亩,其中宜渔稻田近 400 万亩;但综合开发利用的稻田面积仅占重庆市可利用稻田面积的 9%。2021年,重庆市水产养殖面积 127 万亩,水产品总产量达 54.5 万吨,渔业总产值 221.8 亿元;平均每年水产品市场消费量约 80 万吨,其中淡水产品消费量 65 万吨;市场仍然存在一定需求缺口。进一步开发利用宜渔稻田,发展稻渔综合种养,增加当地水产品产量,已成为当务之急。

重庆传统的稻田种植制度多为一年一熟为主,一般种植一季中稻后关水越冬,冬水田面积约占 60% 以上;部分高塝田及漏沙田冬闲休耕,零星的稻田采用"稻+鱼"种养结合,模式单一。重庆稻作制度发展历经3 个阶段。重庆山地种养结合模式的发展在重庆稻作制度改革上得到完美体现。

### 第一阶段(1986—1997 年)

为满足粮食需求,重庆市大力开展稻田耕作制度改革,挖掘稻田秋冬种资源,通过饲料绿肥综合丰产技术、稻鸭共栖种养优化结构及其配套技术、吨粮田系列配套技术开发、重庆市稻田综合开发利用配套技术、再生稻品种筛选及其开发利用研究、重庆市再生稻综合丰产技术、稻田规范化养鱼高产技术推广、稻田半旱式免耕多熟高产技术、稻萍鱼综合丰产技术等,成功开发一年两熟模式及多熟模式。除传统的冬水(闲)-中稻模式外,中稻蓄留再生稻技术获得成功并迅速推广,1989 年全市蓄留再生稻面积达到 303 万亩。稻作制度逐步向中稻-再生稻、水稻-小麦、水稻-大麦、水稻-油菜、中稻-绿肥等粮粮、粮油、粮肥水旱轮作和"稻+萍+鱼"共生种养模式发展。全市"再生稻、稻田养鱼、稻田半旱式栽培"被誉为重庆农业"三绝",受到国务院领导高度重视,在全国产生广泛影响。

自 1990 年起,全市开始实施的农业三大工程(300 万亩冬水田的综合开发工程、200 万亩坡瘠地综合改造工程、菜篮子建设工程)。稻田半旱式复合种养殖制度，以小麦-中稻、中稻-再生稻起垄种植为主，垄沟中可蓄水养鱼。1991年，全市稻田推广半旱式栽培面积272万亩，再生稻收获面积21 728万亩，发展规范化稻田养鱼2 719万亩。

1991年10月，时任国务院副总理田纪云题词："实施农业三大工程是重庆发展农业的希望。"1991年11月3—5日，他实地考察了大足区、合川县、双桥区的冬水田综合开发工程、坡瘠地综合改造工程，高度赞扬重庆农业三大工程"有声势、有规模、有成效，深入人心""吹糠见米、立竿见影""是重庆农业再上新台阶的必由之路，希望之路"。国务委员陈俊生为重庆题词："农业综合开发向深度进军大有作为。"1991年6月21日，时任国务院总理李鹏和国务委员陈俊生在国务院研究室的重庆农业"三绝"调查报告上作出重要批示："认真总结推广重庆的经验。"

1991年6月19日，《人民日报》以"重庆农业'三绝'"为题，介绍了重庆再生稻、半旱式栽培、稻田养鱼发展经验；《经济日报》头版头条刊登文章《在技术和劳动密集农业上多作文章。重庆市发展农业有"三绝"》，并配发"找绝招，促增收"的评论。

### 第二阶段（1998—2012年）

随着种植业结构进一步调整和稻田保护性耕作技术的示范推广，秋冬稻田资源高效利用模式得到进一步开发。从1999年开始，重庆市在温光资源较丰富、有水源保证的稻区开展稻田高效新耕制试验，在稳定粮食生产潜力的基础上主攻效益，通过试验示范，不断创新和完善稻田高效复种轮作制度。中稻-再生稻已经成为一种稳定的稻作制度，中稻-稻草覆盖秋马铃薯、中稻-秋玉米、中稻-地膜覆盖马铃薯、中稻-蔬菜（甘蓝、榨菜、萝卜等）、中稻-胡豌豆等粮-豆、粮-饲、粮-肥、粮-经等轮作模式进一步发展。

### 第三阶段（2013至今）

自2013年以来，稻田新型高效种养结合、高效复合轮间套作模式得到进一步开发，中稻-再生稻两季产量突破1 000千克，中稻-油菜/蔬菜、中稻-油菜/马铃薯、中稻-蔬菜/马铃薯、中稻-草莓等，以及"稻+鱼"、"稻+泥鳅"、"稻+虾（蟹）"、"稻+鸭"等稻作模式多元化发展，大幅提升了稻田种植效益。

## 五、山地种养结合模式的典型案例——鱼菜共生

　　鱼菜共生是一种将鱼类养殖与植物种植相结合的循环生态系统。鱼类的排泄物和未消化的饲料在水体环境中被分解，产生氨氮、磷等微量元素；这些元素经过需氧微生物的作用分解，生成亚硝酸盐。然而，高浓度的亚硝酸盐对鱼类有剧毒性；当水体中亚硝酸盐含量超过 0.1 毫克/升时，会影响鱼类的健康甚至导致死亡。为了避免鱼中毒，传统的水产养殖需要不断更换养殖水来控制氨氮等的含量。但在鱼菜共生系统中，通过好氧微生物的作用，氨氮产生的亚硝酸盐可以转化为植物可吸收利用的硝酸盐；随后，植物通过固氮作用进一步减少水体中对鱼类有毒的元素含量；这样处理过的水可以重新循环回鱼的养殖环境中，也形成了氮的循环。鱼菜共生系统不仅可以实现无污染、零排放，还能减少营养物质（如植物肥料）的投入；同时，它节约了净化水的成本，并产出了受人们喜爱的绿色、无污染、有机的食品。

　　2013—2015 年，池塘鱼菜共生综合种养项目在重庆璧山、巴南、涪陵、潼南等 37 个区（县）累计实施面积达 249 万亩，水产品平均亩产 1 318 千克，各类蔬菜亩产 8 914 千克，产值亩均 169 748 元，亩纯收益 4 666 元；新增水产品亩均 4 474 千克，新增产值亩均 65 276 元，新增纯收益亩均 2 658 元，亩产值和纯收益比技术应用前分别增加 625％和 1 324％；亩均节约水电等支出 60％以上，约 1 902 元。池塘鱼菜共生综合种养技术连续 4 年（2013 年、2014 年、2015 年、2016 年）获评全国农业主推技术和节能减排首选技术；入选 2014 年全国农业科技年鉴；获重庆市科学技术委员会科技成果认证；通过重庆市农业农村委员会成果鉴定。另外，重庆市制定了《鱼菜共生综合种养技术规范》《池塘 80：20 养殖技术规范》两项地方标准；注册了"鱼菜缘"水上蔬菜商标，通过品牌打造，提高产品的知名度和公信度；通过了国家绿色食品认证，有效提高了产品附加值，增加池塘综合生产效益；开设了重庆首家"鱼菜缘"绿色水产蔬菜直销店。2014 年 4 月，CCTV7《农广天地》制作播出"池塘鱼菜共生技术"专题；重庆电视台、重庆日报等多家媒体也多次报道；四川、云南、天

津、宁夏等十几个省份参观学习重庆鱼菜共生技术。鱼菜共生技术在全国产生了较大的反响，在 2016 年获得全国农牧渔业丰收奖二等奖。重庆大足区谢云灿和九龙坡区慕宗友两个合作社养殖户荣获 2015 年度中华神内基金农技推广奖。

经过多次考察、长期研发，重庆市农业科学院终于突破了工厂化鱼菜共生的技术，研发了工厂化循环水养鱼系统、精量投饵机、鱼粪浓缩生化处理系统、蔬菜无人化育苗系统、温室智能物流系统、分光式立体栽培系统等 25 台（套），并获得了 17 项国家发明专利；成功打造了国内首家工厂化鱼菜共生生产技术装备创新研发平台，实现了养鱼不换水、种菜不施肥。鱼菜共生 AI 工厂生产区域包括了蔬菜栽培面积 2 000 平方米、蔬菜育苗面积 1 000 平方米及水产养殖水体 800 立方米，每年可以产出绿色蔬菜 100 吨、大口黑鲈 160 吨。在工厂内的高密度养鱼池内，通过传感器可以实现养鱼水质精准监测预警，投饵、捕捞分级等作业可以实现机器代人实施，实现了补水、投饲、供氧、温控、粪污处理等各环节智能化作业。在蔬菜种植区，实现了"一粒种子到一棵菜"全程无人化作业。目前，鱼菜共生 AI 工厂内的蔬菜每平方米每年可收获 80 千克，产量为露地栽培的 5 倍以上。养鱼密度每立方米可达 100 千克，约为池塘养鱼的 20 倍以上。相比传统养鱼，鱼的养殖周期缩短一半，可节省 20% 的饵料。从投资成本来看，大概 5 年可收回设备成本。通过形成集标准化、资源化、绿色化、智能化和模块化于一体的鱼菜共生工厂化生产整体，可实现渔业、蔬菜种植业循环可持续发展。

## 第二节　山地生物互作模式

### 一、山地生物互作模式的产生

随着人口不断增长，全球粮食安全问题日益凸显。为了满足人类对粮食的需求，农业生产不得不大量使用化肥和农药，以追求高产量。提高经济作物的产量是农业产业发展的重要途径。然而，要实现这一目标，有两种主要方式。首先是通过增加耕地面积、扩大经济作物种植面积和改进种植技术等手段来提高总产量。然而，长期大规模的单一高产作物种植和化肥农药的过度使用导致农田生态系统的简化和脆弱化。生物多样性锐减，作物病害暴发周期缩短，病虫害威胁加重。同时，这种方式还导致不可再生资源的持续耗竭和环境污染等严峻问题。其次是利用现代科技和科学管理等手段，提高单位面积经济作物的产量。每个植物品种都可以通过其功能性状来描述，包括形态学、生态生理学和物候学等特征。这些功能性状决定了它们对生态系统的影响，进而决定了提供的生态系统服务。植物的功能性状之间存在权衡关系，表明植物在资源获取和分配中采取了不同的生态策略，这也是植物对环境适应能力的体现。因此，通过整合不同植物的功能性状，促进养分吸收和提高生产潜力的生物互作就得以实现。

生物互作乃自然界中长久存在的机制，人类自古即从这复杂网络中获益；尤其是土壤中微生物的相互作用，对植物的生长发育极为有益。生物互作助力植物获取生物营养，同时改善土壤质地和结构，减少污染物扩散，以维护环境和资源的可持续发展。生物互作有助于支撑生态网络的稳定与复杂性，促进生态系统发挥其功能，乃至影响地球环境。因此，生物互作在生态系统中扮演着重要角色，一定程度上稳定环境，保持有序的生态系统，并提升农产品的抗性和生产效率。

从长远的农作物病害防治角度来看，农作物的单一种植对控制病害的发生颇为不利。早在 20 世纪 30 年代的绿色革命之前，农学家就已认识到大面积单一农作物种植可能导致病害泛滥的潜在后果；然而，在人口迅猛增长的压力和经济推动下，农作物的单一化逐渐加强。面对严峻的社会与生态环境问题，全球都在追求可持续农业发展，这已成为一项共同战略。人们开始反思过去的资源与环境策略与措施，并逐渐认识到，农业的发展既需要增加农作物产量，又不能破坏土地的持续生产能力与生态环境。这就是可持续农业发展的战略。随着可持续发展日益成为世界共识，重庆通过发展山地生物互作模式，探索可持续生态农业的道路。

**1. 重庆有限的耕地情况决定了山地生物互作模式的产生**

在重庆山地地区，可用的耕地资源非常有限，仅靠扩大种植面积来提高经济作物产量已不可行；相反，采用能够充分利用有限资源并提高作物单产的山地生物互作模式成为重庆山地地区农业产业发展的最佳选择。重庆地区拥有悠久的农业历史，在近几十年的发展中，传统农业与现代农业的融合促使了今天重庆地区种植业生产的基本特点和格局形成。总体来看，重庆地区具备了农业发展的优越自然条件。中亚热带的湿润季风气候及丰富的物种资源和广阔的生态适宜区域，为种植业的生产发展提供了广阔的地理空间。受地形地貌的影响，占重庆市辖区面积约 40% 的河谷丘陵地区分布着约占全市总耕地 60% 的农耕土壤，而约占辖区面积 60% 的山地地区仅分布着约占全市 40% 的农耕土壤；这形成了以丘陵农业为主体，且山地农业同样重要的特点。在农作物种植方面，重庆地区拥有丰富多样的品种、突出的优势及丰富的后备资源，这是种植业生产的有利资源条件和优势。然而，考虑到现有耕地数量、质量、人口增长和用地需求等因素，重庆市的耕地保护形势仍然十分严峻。人均耕地稀缺，总体耕地质量不高，且耕地后备资源不足，是重庆地区种植业生产面临的现实问题。因此，必须毫不动摇地坚持最严格的耕地保护制度，严守耕地红线，加大土地综合整治力度，深入推进高标准农田建设和中低产田改造，确保完成国家下达的耕地保有量目标任务，以明显提升耕地的质量。有限的耕地使得重庆山地不得不采取山地生物互作模式，以最大程度地利用土地资源。

**2. 重庆生态系统的需要决定了山地生物互作模式的产生**

当前，农业生产追求高产，往往导致了种植结构单一化，降低了农田生态系统中的物种多样性和物种内的遗传多样性。生物多样性对于维持生态系统功能具有重要作用。增加生物多样性能够提高群落生物量，使作物更好地适应生物和非生物环境的变化。山地生物互作模式因其较高的生物多样性，而具有更高的生产力、稳定性和抗干扰能力。该模式基于生态学原理，在一定程度上模拟了自然生态系统，能够增加农业生态系统的基因多样性，改善农田作物的群体结构，提高作物对水、养分、气候和温度等资源的利用效率，并改善农田生态系统的功能。这一模式基于生态位分化和品种间的正向互补效应，可实现作物产量的稳定增长；这可能是由于山地生物互作模式下引发了不同品种之间的生态位选择和互补机制，促进了不同品种对资源和空间的分化。与此同时，山地生物互作模式对品种间病原菌的繁殖传播和丛枝菌根真菌的多样性也产生了影响，从而改变了植物与土壤之间的相互作用。该模式还通过抑制病原菌的生长，增强了作物对病虫害的抵抗能力，实现高产和更高的经济收益。众多实验研究证实了山地生物互作模式对植物生产力和产量的积极影响。

## 二、山地生物互作模式的内涵

根据重庆山地地区的特点，提出了生物互作生产模式。该模式指在同一田地上种植两种或两种以上的农作物，充分利用它们的品质特性和生长过程对土壤环境的影响效果，以实现更高的产量、质量和更好的环境效应与经济效益。这种农业生产模式旨在充分利用有限的土地资源，种植相互匹配且能够相互促进的农作物品种，使其达到高产高质的目标，同时显著提升种植区域内的微生物呼吸和微生物量碳，有助于改善微生物环境，并对土壤环境进行有利改造。

重庆山地地区的耕地资源有限，而生物互作模式的理论与实践研究都已证实它实现了对土地资源的充分利用。适宜的生物互作模式不仅能提高作物产量、缓解连作障碍，还有助于提升农作物和土壤的品质。相比传统的单一农业生产模式而言，生物互作模式不仅有利于生态恢复，而且经济效益更佳。科学的生物互作模式能够在重庆山地地区实现良好的生态效益和经济效益，因此被认为是该地区种植业发展最适宜的模式之一。

山地生物互作模式取决于3种作用机制：

### 1. 互补效应

互补效应是指在多基因型系统中，不同基因型之间通过正向的相互作用和生态位互补所带来的效应，超越了单基因型系统的效应。基因型的增加可以提高系统的功能多样性，加强基因型之间的资源互补和生态位分化，进而提高资源利用效率。生物互作模式在一定程度上能够增加植物的生态位宽度，扩大资源利用的范围。优良的作物品种是实现高产稳产的基础。不同品种间存在着质量差异，发掘品种的生产潜力，发挥其优势对于提高生产力至关重要。

生物互作模式利用生态位互补的原理，调节群体间的竞争和互补关系，实现对自然资源的充分利用。该模式能够协调不同品种对光照、温度、水分和养分等的需求差异，改善群体结构，创造适合作物生长的环境条件。根据生态位互补原理，选择具有优势互补的作物品种进行生物互作模式的种植，是提高作物群体的遗传多样性、增强抗逆性、实现高产稳产的有效途径。

**2. 选择效应**

生物互作模式的效果受到品种特性、混播比例、环境条件和生产管理等多种因素的综合影响。其中，品种特性和环境条件反映了生物互作模式下品种选择的效应。选择效应指在特定环境中，群落中物种数量较多的情况下，更有可能出现在该环境下表现最佳的物种。这种效应反映了在生物互作模式中，能够发挥高功能的物种在整个系统中占据生物量或空间的主导地位。

不同品种的作物在生物互作模式下能够获得更高的产量，这是由于不同品种之间竞争和互补作用的贡献。然而，当品种混播比例不合适时，不仅无法增加产量，还可能导致产量的降低。生物互作模式所引发的选择效应取决于3个必要条件。首先，环境条件（如气候、养分有效性、对作物生长具有促进或阻碍作用的生物丰度）在空间和时间上应有所差异；其次，不同品种对环境条件的变化应有不同的反应；最后，适应当地条件并在特定年份中优于其他品种的品种通常是追求最大化目标功能的品种。因此，筛选适宜的品种用于混作对于提高作物产量至关重要。随着环境的不断变化，混作品种能够增加产量的稳定性，并提供更多的生态系统服务。

**3. 土壤反馈效应**

在自然系统中，植物的性状对土壤的生物和非生物特征产生影响，而这种影响又反过来影响着植物的生产力、竞争力和抗逆性，这就是植物-土壤反馈效应。植物-土壤反馈效应主要用于研究复杂的植物-土壤相互作用、恢复干扰后的生态系统及维护生态系统的多功能性。举例来说，恢复自然系统时，通过土壤中的植物病原菌等负反馈效应来抑制入侵物种的生长，而受益的丛枝菌根真菌等正反馈效应则促进目标物种的生长；相反，如果抑制了目标植物的生长，就会引发植物-土壤的负反馈效应。植物之间通过菌丝共生传递不同的养分资源，这有利于促进植物-土壤的正反馈作用。

植物-土壤反馈和植物之间的竞争是生物互作模式下作物群落建立的两个重要过程，植物-土壤反馈也被认为是植物多样性与生产力之间关系的驱动因素。植物-土壤的正反馈作用影响着植物多样性与生产力之间的关系。增加植物多样性通过促进土壤中微生物的活性来提高土壤中碳和氮的含量，增加有机物和氮的矿化速率，而这种养分的增加反过来影响着植物的生产力。例如，玉米与大豆的互作可以显著影响根际土壤中细菌群落的结构和功能，提高生物多样性，最终增加作物的籽粒产量。植物-土壤反馈效应也被用于改进农业生产实践，通过优化种植系统、控制病虫害和提高资源利用效率来提高农业生态系统的生产力和可持续性。

## 三、山地生物互作模式的价值

### 1. 增加农田生物多样性

传统的集约化农业生产体系通常追求单一种植体系的最大化生产力。这样的体系往往将作物多样性降至只有一种，并要求遗传上高度均一、整齐和对称，同时大量依赖化肥、农药等外部投入。然而，这些种植体系对环境会产生诸多负面影响，如土壤侵蚀和退化、化学污染、生物多样性丧失及对化石能源的过度依赖等问题。而生物互作模式的应用则能够提供了一种解决方案，即通过在同一地块同一时间种植至少两种或更多作物，增加农田的作物多样性。例如，豆科作物与禾本科作物的轮作是常见的国内外农业实践，如大豆与玉米、大豆与小麦、蚕豆与玉米、花生与玉米、谷子与花生、豌豆与玉米等。此外，其他非豆科作物与非豆科作物的间作模式也被广泛应用，如马铃薯和玉米、小麦和玉米的间作。生物互作模式改变了传统集约化农田的整齐划一外观和内部结构，增加了农田中作物的多样性。作物多样性的改变不仅体现在外部表现上，还涉及内部冠层结构和根系在土壤中的分布，从而带来了土壤生物多样性的变化，如蚯蚓和微生物群落结构等。

### 2. 提高生态系统生产力

生物多样性的增加对生态系统的生产力具有积极影响。早在150多年前，达尔文就提出了物种丰富度较高的群落具有更高初级生产力的观点，这个观点持续影响了近一个世纪的研究。无论是在人工构建的微观生态系统，还是在半自然的草原生态系统中，研究结果都表明，生物多样性的增加可以提高生态系统的功能，特别是生态系统的生产力。Cardinale 等对44 个不同草原生态系统中生物多样性与系统生产力关系进行了集合分析（Meta - analysis），他们发现有 79% 的实验结果显示多样性较高的群落生物量比单一物种群落高出 1.7 倍。最新的研究还发现，高生物多样性群落能够抑制土壤中有害微生物对植物生长的影响，进而增加生态系统的生产力。在草原生态系统中，人类活动等因素导致的生物多样性丧失，尤其是功能群的丧失，降低了生态系统的生产力。在农田生态系统中，众多研究也证实了生物互作模式通过提升作物多样性来提高系统生产力（作物产量）的效果。

**3. 提升农田生产力的稳定性**

多年来，生态学界一直就多样性与生态系统稳定性之间的关系展开争论。最近，大量的野外实地观察和室内控制实验提供了丰富的证据，证明高多样性可以提高系统生产力的稳定性。在自然生态系统中的研究表明，生物多样性与生态系统稳定性之间存在显著的相关性；即生物多样性越高，群落中草地生物量的变异程度越小，系统越稳定。无论处于哪个营养级，多样性的增加都可以提高系统的时间稳定性，特别是地上部分生产力的稳定性。

**4. 满足市场发展需求**

加快产业转型，扶持和建立具有引领作用的龙头企业，树立农业产业发展的典范和楷模。加强对农业产业的监管，规范生产模式，严格控制农产品质量。同时，着力挖掘和发展区域特色农业产业模式，打造具有竞争力的农业品牌，开拓商品市场。适度增加政府投资，吸引人才和资本进入农业领域。大力发展科教事业和职业技术教育，提升居民素质，提高农民的职业技能水平。完善基础设施建设，提供和完善信息服务渠道，促进与其他地区的交流与合作；借鉴成功经验并加以科学运用，推动要素市场的发展。积极推进农业产业结构的转型，与二三产业的发展协调配合，持续优化产业结构，以市场为导向，生产适应市场需求、优质安全的农产品。

## 四、山地生物互作模式的体现

重庆地区种植业具有高垦殖、高复种的种植特点，重庆山地在粮食作物的生物互作模式主要体现在以下方面：

### 1. 水稻栽培技术

重庆地处四川盆地东南部，地貌以丘陵、山地为主，多梯田，气候温和，为籼稻生产区。水稻是重庆市第一大粮食作物，常年播种面积1 027.5万亩，稻谷年总产量约510万吨，占全市粮食年总产量的45%。全市口粮的75%都是稻谷。

1982—1989年，重庆市农业科学研究所主持开展了"提高作物光能利用率的栽培技术研究"项目，获1983年四川省重大科技进步奖三等奖。重庆地区拥有日照较少、冬季温暖多湿、夏季伏旱严重的气候特点，以及主要粮食作物单产不高（亩产小麦150千克、玉米250千克，常规水稻亩产300千克，杂交水稻亩产400千克左右）、高产典型重演性很差等情况。根据作物光能利用学说，该项目采用光合生理与常规栽培技术相结合的研究方法，通过3年的小区试验、盆栽试验和高产栽培示范，摸索出了常规水稻和杂交水稻、玉米、小麦主要品种（组合）各生育时段的光合性能，以及植株和土壤营养及其与光、温条件和栽培技术措施的关系；找出了在重庆丘陵地区以上4种作物亩产分别达到450千克、550千克、400千克和300千克，需要的叶面积系数、光合生产率、干物重动态指标，以及开发出可实现这个指标以种植密度和氮素肥料施用技术为主要内容的高产、稳产、低成本的综合栽培技术，并经一定面积的示范得到验证。该项目揭示了水稻、玉米、小麦的代表品种（组合）的光合性能特点，提出了实现高产的光合生理诊断指标和关键栽培技术要点，使它们的光能利用率由1%左右提高到15%～20%，在重庆及川东地区的作物高产综合栽培技术研究上走出了一条新路子。

2011—2015年，重庆市整合水稻旱育秧技术和甘薯酿热物育苗技术，利用甘薯种苗与水稻生长周期的差异，创新集成水稻（旱育秧、抛秧、机插秧）＋甘薯同一苗床播种，苗期共生，一地两用的共生育苗技术。

与传统水稻、甘薯秧苗分育相比，该技术亩可节省成本 400 元左右，集节地、节水、节肥、节药、节农膜、节劳于一体，有效降低能耗和环境污染。

**2. 玉米栽培技术**

玉米是重庆市主要粮食作物之一，种植面积、单产、总产仅次于水稻居第二位。重庆市玉米常年播种面积 46.67 万公顷（700 万亩）左右，总产 260 万吨左右；玉米年消耗量达 400 万吨，市场缺口占 1/3 以上，属于全国玉米净调入区。随着农业产业结构的调整，重庆市还要大力发展养殖业、加工业，对玉米的需求量将会更大。糯玉米、甜玉米或甜糯玉米等各种特用玉米，已成为百姓餐桌上的"新宠"，是人们喜食的重要品种。为此，重庆市农业科学院、市种子站和三峡农业科学院等相关单位，紧紧围绕丰富品种、提高玉米单产、增加总产量的思路，针对不同生态条件、不同生产水平，开展了各类玉米新品种培育技术、高产与超高产综合配套栽培技术的研究和推广工作。三峡农业科学院参与了 1987 年农牧渔业部下达、四川省农牧厅主持的"川东山区杂交玉米 50 万亩综合技术试验示范"丰收计划项目；针对巫山、巫溪、奉节、石柱、丰都等贫困山区玉米长期低产问题，重点试验研究推广杂交玉米良种、配方施肥、合理密植，育苗移栽、地膜覆盖等关键性技术措施，每亩提高 50～100 千克。

**3. 小宗粮豆**

重庆主要以丘陵和山地为主，地形地势复杂，生态类型多样，立体气候明显，适宜多种小宗粮豆生长。其种植历史悠久，种类多、分布广，多数具有抗旱、耐瘠薄等特点，是一个有比较优势的产业。除高粱外，小宗粮豆在重庆市的品种包括蚕豆、豌豆、绿豆、饭豆、打米豆、爬山豆、红小豆、谷子、燕麦、芸豆、荞麦和啤酒大麦等。小宗粮豆在各农业区县都有不同种类、不同规模的种植。其中，蚕豆在各级海拔地带均有种植，主要分布在长江、嘉陵江沿岸的丘陵地区，也常见于边角地块、田坎种植；豌豆主要分布在丘陵地区的低海拔区域，近年在蔬菜基地发展较快；绿豆种植地以重庆西部的面积较大；芸豆主要分布在海拔 800～1 200 米以上的山区；红小豆以东部 800～1 200 米面积较大；饭豆以山区面积大。据统计数据，1998 年重庆市小宗粮豆种植面积为 161.39 万亩，单产约 99.1 千克/亩。2000 年前后，重庆市人民政府把发展优质豆类作为了粮油结构调整的重要项目，提出优化土地资源配置，调减不具备优势的小麦、玉米等作物种植面积，增加大豆、豌豆、蚕豆等豆类优良品种面积，不断强化以豆类作物为主体的间套复种轮作地位；豆类生产规模化程度不断提高，以潼南区为代表的 10 万亩优质油绿豆、以奉节县为代表的 5 万亩优质芸豆和以巫溪县为代表的 10 万亩红小豆正大规模发展；同时，根据区域优势，发展小春-豆类-薯类和豆-豆-茗（菜）耕制，采取增、间、套、混等多种形式扩大规模。在 2000 年前后，全市大麦种植面积仍维持在 10 万亩左右，2008 年后面积锐减。2006 年，全市小宗粮豆种植面积为 168.51 万亩；在此期间，燕麦面积减少，荞麦和胡豌豆面积扩大。2015 年，全市小宗粮豆面积达到了 215 万亩，单产 133 千克/亩；大麦种植面积仅 1.7 万亩，燕麦 0.2 万亩，荞麦 9.7 万亩，绿豆 32.8 万亩，红小豆 4.5 万亩。

**4. 蔬菜产业化栽培**

重庆市通过多年试验研究与示范展示，集成提出了嫁接苦瓜（南瓜）＋辣椒、辣椒＋豇豆、嫁接苦瓜＋速生叶菜（旱藤菜、苋菜、木耳菜、小白菜）、冬瓜＋速生叶菜（旱藤菜、苋菜、木耳菜）、菜豆（豇豆）＋春甘蓝（春大白菜）、丝瓜＋西葫芦、菜豌豆＋芫荽、菜豌豆＋青蒜等蔬菜高效间套栽培模式 8 套。此类栽培模式不仅能合理利用田间空地，提高单位面积生产效益；还能改善田间通风透光性，调节土壤温湿度，增强蔬菜作物长势和抗病虫能力；减少农药使用，降低或减少农药对环境污染，确保田间生态平衡与稳定，有效地保护农业生态环境。

## 五、山地生物互作模式的典型案例——玉米-大豆带状复合种植技术

所谓的玉米-大豆带状复合种植技术，是利用玉米和大豆之间的空间及玉米和大豆的生长条件，在玉米和大豆生长的过程中，采用了"选、扩、缩"3 项技术，即选配良种、增加玉米行距、合理缩小玉米和大豆间

距，从而提高种植密度；以最大限度地利用土地资源，促进农业可持续发展。我国采用玉米-大豆带状复合种植技术实现了每公顷玉米增产 7 500千克以上、大豆增产 2 250 千克以上、整体增产增收超 3 万元。在玉米-大豆混合栽培的过程中，选择合适的种子和适宜的播种方式是两个关键环节。玉米选择植株紧密、抗倒伏能力较好的品种，大豆选择耐阴、耐密集、抗倒伏能力较好的品种；而且选择的大豆要比玉米成熟期迟一些，以充分利用玉米生长的空间和光照条件。适宜的播种时间是应用玉米-大豆带状复合种植技术最重要的一步，在玉米没有完全成熟时，利用良好的光照资源和其他资源，让矮小的豆芽可以吸收足够的养分和光线，为大豆种子后期成熟提供充足的养分，提高大豆抗逆性。玉米-大豆带状复合种植技术具有以下几大优势：

一是提高作物个体产量。大豆与玉米在株高、根的分布上存在着明显的差别，而玉米-大豆带状复合种植技术是将两者结合起来，利用各自优势，以 2～4 行小株距玉米带和 2～6 行大豆带间作，使两种作物带间距增大、内行距变窄；既能提高作物的水分利用率，又能增加作物产量。此外，大豆根系可以从土壤中汲取自由态氮，可间接供给玉米养分；同时，释放出的酸液与土壤产生的矿物质，可以为大豆提供一个良好的生长条件；这种补充营养的作用，可以显著地促进大豆和玉米增产。

二是强化光热资源利用。采用玉米-大豆带状复合种植技术可通过对种植空间进行合理配置，避免两种作物的争地矛盾，提高土地资源利用率，增加玉米和大豆的产量。同时，由于两种作物带间距大、内行距短，采用该技术可以有效减缓高位作物对低位作物的遮阳影响，确保作物可以充分利用光热资源，保障植物正常生长，增加复合种群的总体密集程度。此外，在具体栽培上，采用玉米-大豆带状复合种植技术，按照共存作物和谐、协同增产的方针，合理调控玉米、大豆播种时间。满足人们对玉米、大豆的需求，对于推动我国粮食生产的可持续、稳定、高产有着十分重大的作用。

三是降低人力、物力投入。在利用大豆-玉米带状复合种植技术时，通过扩大带间宽，可以实现农机农艺高度融合，有效提高机具作业通过率，强化农业生产机械化水平。在开展大豆和玉米农事操作时，通过独立收获和协同播种施肥作业，减少单一作物操作环节；再加上全程机械化的应用，弱化间作套种复杂程度；相较于传统的间作生产粗放模式，该种方式可以最大化减少人力、物力的投入，推进农业标准化生产。另外，该模式不仅可以借助大豆与玉米作物间作的根瘤固氮，提高土壤营养成分；还可以通过对田间配置进行优化，将玉米的边行优势发挥到最大，提升大豆、玉米种间协同功能；强化其资源利用率，在提高其系统生产能力的同时，减少成本投入，保证农民的经济效益。

四是满足市场发展需求。随着生活水平的提高，人们的消费观念也随之发生改变。鲜食玉米和鲜食大豆逐渐被更多人喜欢，不仅可以丰富人们的菜篮子，提高人们的生活水平，还进一步解决了农民增收问题。然而，在此背景下，二者征地矛盾问题日益显著，解决该问题成为当前研究的主要方向。玉米-大豆带状复合种植技术的应用，以间种的方式开展，可以充分发挥玉米的边际效应，提高玉米的商品属性，实现玉米不减产、多收一季豆的目标，有效解决农产品供应问题，满足当前市场发展需求，降低市场风险的发生率，保证农业生产市场的高质量运行。

2022 年，重庆推广 21 万亩大豆-玉米带状复合种植，积极挖掘大豆种植潜力。目前，重庆梁平、开州、垫江等区（县）正在重点打造大豆-玉米带状复合种植全程机械化生产千亩示范片，并引进配套了专用播种施肥机。重庆市为了提高种植户的积极性，将高标准农田建设、农机购置补贴等支持性项目向大豆-玉米带状复合种植实施区县倾斜，还将大豆-玉米带状复合种植户纳入种粮大户补贴范围。

与传统的间种、套种技术相比，能提高土地利用率，增加农作物的亩产，实现"一地双收"。为不误农时，重庆市提前组织农技部门面向种植户编写并印发了大豆带状复合种植生产技术、主要病虫害防治技术、全程机械化保障措施等相关技术方案。同时，为适应大豆带状复合种植，积极备种、备农药，引进配套农机。为完成种植任务，重庆市发动 30 个区（县）2 200 户种植大户、专业合作社等，通过大户带小户的方式种植。通过一系列措施，2023 年，重庆市已落实大豆带状复合种植意向面积近 51 万亩。其中，16.8 万亩为春大豆，播种进度已达五成；其余 34 万亩为夏大豆。

## 第三节 山地道地生产模式

### 一、山地道地生产模式的产生

一方水土养一方人，也养一方物。特定地域的土壤和气候条件不仅塑造了当地生物的多样性，同样也在塑造着所产生的农产品的特性。然而，在当今高度流动的社会背景下，"一方水土养一方人"变得日益困难，但道地生产可以很大程度满足这种需求。特定的生长环境养殖出的动植物具有其独特的品质特征，被定义为"道地性"。例如，特定环境中的道地药材含有的有效成分，与其特定的矿物质、金属离子和微生物的存在有必然联系。

"道"是我国古代的一种行政区划，也意为道路；"地"意为土地。"道地"同"地道"。在《现代汉语辞典》中"道地"含义之一是由有名产地出产的，用以形容物品品质优良。

"道地"该词最早正式见于明末汤显祖的《牡丹亭》，形容在特定自然条件、生态环境下，受加工炮制、中医理论等人文因素影响所产出的特定优质药材的特性；其一般历史悠久、久负盛名，且品质明显优于其他地区所产出的同种药材。同样的，《中华人民共和国中医药法》中明确定义："道地中药材是指经过中医临床长期应用优选出来的，生产在特定地域，与其他地区所产同种中药材相比，品质和疗效更好，且质量稳定，具有较高知名度的中药材。"道地药材具体表现为药材的"优形"和"优质"。道地药材的特殊品质是其基因型、特定的生态环境和栽培措施共同作用的结果。我国历代医药家无一不重视中药材的产地属性，自古就有"非道地药材不处方"的说法。谢宗万先生对道地药材的概念进行了阐述："道地药材就是指在特定自然条件、生态环境的地域内所产的药材，且生产较为集中，栽培技术、采收加工也都有一定的讲究，以致较同种的药材在其他地区所产者品质佳、疗效好、为世所公认而久负盛名者称之。"我国中医向来注重道地药材的生产和使用，如《本草衍义》云："凡用药必择州土所宜者，则药力具，用之有据。"道地药材作为传统药物标准的概念，以固定的标准来控制中药材的生产加工，保证了药材的货真质优和临床效果，对现今的传统医学使用及发展具有越来越丰富的科学内涵。可以看出，道地药材是集地理、质量、经济、文化概念于一体的概念。

"道地性"也由此而来。道地的本质主要指土壤矿物元素种类和组成及微生物菌群，使得动植物具有独特的营养作用。除了受动植物本身独特生长特性影响外，道地性主要受自然要素和人文要素双重影响。在自然要素中，地形地貌和水系是道地性形成的重要因素；在人文因素中，交通要素的影响较小，政策变更影响较大。

重庆山地特有物种决定了山地道地生产模式的产生。重庆地处西南，位于川、陕、鄂、湘、黔交界处；全境自西向东由华蓥山脉、铜锡山脉、明月山脉 3 条西北至东南走向的条状山脉与宽谷丘陵交互组成的平行岭谷。地形异常复杂，既有渝中部的低山区、渝西部的丘陵区，又有渝东南的武陵山区、梁平等地的平原区。地形垂直高差大，生态环境呈现多样性，生态类型丰富，生物物种非常丰富。具有道地性的物种完美契合了地理标志产品特征。地理标志是指标示某商品来源于某地区；该商品的特定质量、信誉或者其他特征，主要由该地区的自然因素或者人文因素所决定的标志。在《中医药法》中明确表示鼓励采取地理标志产品保护等措施保护道地中药材。一般道地药材的名称采用地理名称＋药材名称的模式；在传递药材产地信息的同时，使人可联想到该药材与产地之间的质量联系，具有天然识别商品来源的作用。道地药材可进行产地信息区分，又可与质量联系，与地理标志具有天然的契合性。地理标志产品保护等措施有助于从源头上控制道地农产品的种植加工，保证道地农产品的质量特征；尊重道地农产品的生产加工技艺方法、文化传统等集体性智慧成果。地理标志的使用具有地域垄断性，有利于形成道地农产品的地域优势。道地农产品可以利用地理标志保护这种知识产权，促进道地农产品的产业化发展，使道地农产品这一"地理标志"成为金招牌。

在重庆山地，2008 年，武隆高山辣椒、武隆高山白菜、武隆高山萝卜、武隆高山马铃薯、武隆高山甘蓝、梁平柚、江津花椒、梁平肉鸭 8 个产品获得农产品地理标志登记，产品生产规模 4.98 万公顷，其中肉鸭养殖规模 200 万只。2009 年，南川米、江津广柑、城口山地鸡 3 个产品获得农产品地理标志登记；产品生产规模 4.00 万公顷，其中山地鸡养殖规模 100 万只。2010 年，开县锦橙、南川鸡、武隆猪腰枣、秀山金银花、城口蜂蜜 5 个农产品获得农产品地理标志登记，产品生产规模 3.56 万公顷，其中南川鸡养殖规模 500 万只、蜜蜂 4.15 万群。2011 年，巫溪洋芋、璧山儿菜、巫溪洋鱼、罗盘山生姜、渝北歪嘴李 5 个农产品获得农产品地理标志登记，产品生产规模 3.30 万公顷，水产养殖规模 0.7 万公顷，年产量 112.00 万吨。2012 年，潼南萝卜、潼南罗盘山猪、云阳红橙、静观蜡梅、白马蜂蜜、南川大树茶、南川金佛玉翠茶、永川莲藕、城口核桃、渝北梨橙 10 个农产品获得农产品地理标志登记，产品生产规模 6.89 万公顷，其中潼南罗盘山猪养殖规模 10 万头、蜜蜂 1.2 万群、蜡梅 5 985 万束。2013 年，城口洋芋、万州罗田大米、南山蜡梅、石曹上萝卜、青草坝萝卜、彭水苏麻、城口太白贝母 7 个产品获得农产品地理标志登记，产品生产规模 2.44 万公顷，蜡梅 1 200 万束。2014 年，垫江白柚、太和胡萝卜、合川湖皱丝瓜、故陵椪柑 4 个产品获得农产品地理标志登记，产品生产规模 0.33 万公顷，年产量 9.65 万吨。2015 年，垫江丹皮、石柱莼菜 2 个产品获得农产品地理标志登记，产品生产规模 0.29 万公顷，年产量 13.26 万吨。截至 2015 年，重庆市获得农业部登记的农产品地理标志产品 44 个，其中畜牧类产品 6 个、经作类产品 18 个、粮油产品 3 个、蔬菜产品 16 个、渔业产品 1 个。累计产品生产规模 25.79 万公顷、鸡鸭 800 万只、生猪 10 万头、蜜蜂 5.35 万群，累计产量 355.07 万吨。重庆丰富的物种资源造就了山地道地生产模式。

## 二、山地道地生产模式的内涵

结合重庆山地独特的地貌特点，提出的山地道地生产模式，是针对一类由特殊基因型、特定生态环境和特别栽培措施共同作用的具有非凡品质的农产品而制定的一种农业生产模式；致力于在特定的生态地理环境下，种植和养殖带有地域性特点的地理标志农产品，使得该农产品在自然与人文因素双重影响下具有产地适宜、品质卓越、产量丰富、鲜明地域性等特点。

山地道地生产模式的精髓简要概括来看，主要强调 3 层内涵：一是地域性，这意味着道地生产模式下的农产品是产自特定地域，受特定自然条件和生态环境制约；二是人文性，强调道地模式下的农产品上凝聚着知识和理论的精华，其品质受栽培、采收、炮制等成熟的加工工艺影响；三是生物性，该农产品必然品质优良、药用或者食用价值显著。这 3 层内涵共同构成了道地生产模式的基本特征。

山地道地生产模式下的农产品产生于特定的生态地理环境，因长期受该产区独特的生态地理环境影响而呈现较为稳定的品质特征。特定产区是该农产品道地性的内在成因和外在标签。农产品的质量，与地域、气候、土壤、栽培技术、生长年限、炮制工艺等因素都有着密切的关系。

山地道地生产模式下的农产品具有以下特点：

**1. 质量特优**

道地农产品追求卓越的质量，要求选择优良的品种，运用成熟的栽培技术，在最适宜的采收时节进行经典的加工炮制，以确保产品的道地质量。长期以来，道地农产品始终以"质优效佳"为标志，并以"择优而立"为准则，将质量视为核心评价指标。现代研究表明，同一种农产品在不同产地的差异性质和特征也确实存在。

**2. 地域特征明显**

大多数道地产品产地之所以成为公认的道地产区，是因为其拥有独特的地理生态环境，并能生产出产量大且品质优秀的农产品。这意味着道地农产品的生长分布具有明显的地域性。农产品的产地与质量之间已被证实存在着密切关系，即使是分布广泛的农产品，其质量也会因自然条件的不同而有所差异。《新修本草》指出："离其本土，则质同而效异；乖于采摘，乃物是而时非。"这说明产地的适宜性对农产品的重要性。

**3. 稳定的物质成分**

作为农产品的优良品种，道地农产品具有高有效成分含量和稳定可控的物质成分特点，这也是建立道地农产品质量标准的基础。例如，在我国国家颁布的《中药材生产质量管理规范试行》中强调，道地药材的生产加工不能随意改变，以免影响药材的质量。这些标准和规范说明，道地药材的物质成分是其药效质量的标准，应保持稳定可控，以确保药材的道地性。

山地道地生产模式下农产品形成机制分两种类型：

一种是基于遗传特征的形成机制，道地农产品的优质特征是由其独特的基因组结构和特征所决定的。通过比较道地农产品和非道地农产品，或者不同道地产区药材的基因序列差异，可以挖掘出与优质特征相关的重要功能基因，建立道地农产品的 DNA 指纹图谱，揭示道地农产品的遗传分化和对环境的适应能力，解析道地农产品优良种质资源的遗传特征，并揭示道地农产品品质特征演化的遗传学基础。这些研究可为道地农产品有针对性培育、栽培和生产提供科学依据。同一种农产品在不同产地之间的药材品质差异也反映在其群体遗传特征上。

另一种是基于环境生态因子的形成机制，道地农产品的优质特征形成是遗传基因与环境共同作用的结果。在特定的生长区域，道地农产品的原始物种选择性地表达与性状表型相关的基因，使其在形态结构、生理机制、遗传特性等方面展现出与非道地产区农产品不同的品质特征。道地农产品的品质特征与环境生态因子密切相关，这些因子包括非生物因素，如光照、温度、水分和土壤等；以及生物因素，如土壤微生物的菌群结构和植物共生微生物。环境生态因子影响基因和表观遗传调控的过程，不同等位基因对环境的敏感性差异较大，使得道地农产品及来自不同道地产区的农产品展现出不同的品质特征。研究环境生态因子对道地农产品形成的影响，并进行农产品产地适宜性分析，可以为当地农产品资源的获取和资源保护策略的制定提供科学依据。

## 三、山地道地生产模式的价值

### 1. 坚守守正创新准则，传承发展道地文化

坚守守正创新的准则，传承和发展道地文化是至关重要的。首先，遵循生物发展的规律，这是守正的基础；同时，也要深入挖掘道地文化的源头，并将其传承下去。守正创新意味着在尊重生物发展规律的前提下，传

承道地文化的精髓；并进行创新发展，赋予时代的内涵；坚持以自信的道地文化重塑道地产业的自信。

在东汉末年，疫病肆虐之时，张仲景通过勤求古训、广泛吸收众方经验，确立了"辨证论治"的理论和方法体系。这是一个生动的实践，传承了精华的同时，又在创新中守正。行业的振兴需要以文化为先导。思想的启蒙对于一个国家、一个民族及一个行业的复兴具有至关重要的作用。地方志尤其是旧志中所记载的当地农产品方面的文献资料，为地方农产品的研究提供了丰富的素材。这些资料可帮助我们深入了解和挖掘道地农产品的文化价值和历史渊源。

**2. 守住青山绿水，恢复道地环境生态**

本地农产品的发展与壮大，关键在于人才，核心在于价值，前提在于质量。优质的道地农产品是当地农业蓬勃发展的重要保证。道地农产品指的是，在特定环境和气候等多种因素的综合作用下形成的产地适宜、品种优良、产量高、价值突出，并带有地域性特点的农产品。道地农产品的形成受到自然和人文因素的双重影响。在工农业活动频繁的地区，道地生产面临着生态退让的挑战，容易受到环境污染的影响，导致道地农产品的消失或质量下降。习近平总书记提出的"绿水青山就是金山银山"的科学论断，体现了以人与自然和谐为核心的生态理念和以绿色为导向的生态发展观。这一论断强调经济发展必须兼顾环境与生态，倡导人与自然和谐相处；生态环境不仅给人类提供宜居条件，也为道地农产品的生长提供了保障。

为了实现全省经济发展不降速、生态文明建设与经济建设同步发展，需要统筹全省资源，促进均衡发展。道地生产行业的生态发展不仅需要打造良好的生态种植环境，加强生态"硬件"建设；还需要强化人文"软件"，注重培育道地农产品的研发能力，为优质道地农产品的生长提供全方位的保障。

**3. 发扬工匠精神，传承创新道地炮制技艺**

在中医药事业快速发展的背景下，中药炮制技术的传承备受行业重视。中药炮制技术在历史发展过程中形成了不同区域的独特技术特色，也成为道地药材的重要特征。在传承炮制技术的过程中，不仅需要融入现代技术，创新炮制方法和工艺，更应将工匠精神贯穿于整个传承炮制技术的工作过程中。工匠精神于 2016 年首次被写入国务院政府工作报告，并被解读为敬业精神、精益求精的职业操守，以及对产品高质量的不懈追求。它已成为新时代企业文化中不可或缺的重要内容。在中医药界，工匠精神由来已久。这不仅因为中药的质量关系着人们的健康、关乎生命；保证药品的质量更是医者仁心的基本要求。例如，同仁堂药店早在清康熙年间就确立了制药的原则："遵循《肘后备急方》的规范，辨别地产的差异，炮制虽然繁琐却绝不敢省去人工，品味虽然珍贵也绝不敢节省物力。"这一原则体现了对药品质量的坚持和承诺。通过传承工匠精神，我们将能够不断提高中药炮制技术的水平，确保药材的优质炮制，为人们提供更加安全有效的中药产品。

## 四、山地道地生产模式的体现

山地道地生产模式高度契合重庆山地特色道地中药材的种植方式，有助于从源头上控制和保护道地中药材的种植和加工，保证了道地中药材的质量特征；同时，尊重道地中药材的生产加工技艺方法及文化传统等集体性智慧成果，更有利于形成道地中药材的地域优势，促进重庆道地中药材的产业化发展。

由于重庆得天独厚的地理气候条件，中药资源非常丰富，素有"中草药王国"和"天然药库"之称；重庆市中药资源具有种类多、优质及蕴藏量大的优势，是我国重要的中药材生产基地之一。重庆市现有中药材种质资源 5 832 种，占全国药用动植物种类总数的 48%；全国 363 种重点中药材品种，重庆市三峡库区就有 306 种；重庆市中药材总蕴藏量近 163 万吨。

从"九五"末期开始，重庆市致力于将中药资源优势转化为产业优势，全面推进全市中药产业现代化发展。加大了对中药材规范化种植的科研投入和基地建设的引导扶持，使重庆市的中药材生产在质量、技术水平、规范化程度及规模上都取得了显著的进步；保留了以三峡库区、大巴山药材区、武陵山药材区为主的传统中药材种植基地，规模化种植了山银花、青蒿、黄连、杜仲等在国内外都具有竞争优势的重庆道地药材;其中,重庆石柱黄连、重庆酉阳青蒿还成功申报了国家地理标志商标。此外,重庆市科学技术委员会还不断加强道地优势中药材规范化种植及示范推广、中药材良种选育、中药提取物关键技术研究、中药新产品开发、中药产业技术创新服务平台建设等工作,不断深入对道地药材的理论和应用研究,科学地进行了道地药材的可持续发展。

目前,重庆中药材生产主要分布在以下4个区:

一是三峡库区及大巴山药材区。该区主要包括巫山、巫溪、云阳、奉节、万州、开县、城口等区(县)。境内山高谷深、沟壑纵横,山地面积占75%左右,海拔最低73米、最高2 797米,相对海拔达2 700多米。气候温和,四季分明,雨量充沛,无霜期长。该区主要药材有党参(庙党、大宁党)、太白贝母、奉节贝母、云木香、独活、味牛膝、银杏、杜仲、小茴香、玄胡、枳壳、半夏、冬花等。其中,主要名特道地药材有巫山、奉节的庙党,巫溪的大宁党,开州区的云木香,城口、巫溪的太白贝母,奉节的贝母,云阳的小茴香,忠县和万州区的野生半夏等。

二是武陵山药材区。该区位于武陵山西北部,包括石柱、酉阳、秀山、黔江、彭水等区(县)。海拔最低118米、最高1 938米,地势起伏大,坡度陡;四季分明,昼夜温差大;雨量充沛但分布不均,植被生态垂直差异大,药用植物资源十分丰富。该区主要药材有黄连、青蒿、白术、天麻、杜仲、半夏、银花、冬花等。其中,著名的道地药材有石柱的黄连,酉阳的青蒿、吴茱萸,酉阳和秀山的白术、金银花、天门冬等。

三是渝中部低山药材区。该区包括涪陵、南川、垫江、长寿等区(县)。地形以低山、丘陵为主,山地占60%左右,海拔最低150米、最高1 900米。长江及其支流乌江、高滩河、大溪河、芙蓉江流经境内,水源丰富,年均降水量1 300~1 400毫米。气候温暖湿润,日照短,无霜期长,土地肥沃。该区主要药材有毛紫菀、玄参、鱼腥草、云木香、丹皮、杜仲、黄檗、厚朴等。

四是渝西丘陵药材区。该区包括合川、江津、铜梁、荣昌等区(县),海拔最低154米、最高1 973米,丘陵面积占总地区的59.2%。区内江河纵横,水源丰富。气候特征为春早气温多变,夏长伏旱频繁,秋季多绵雨，冬暖多雾，无霜期长达 310 天；空气湿度大，相对湿度 77％～83％；阴天多、日照少，处于全国日照时数最少的地区。该区主要药材有黄檗、杜仲、栀子、吴茱萸、枳壳、红梅、木瓜、巴豆、使君子、补骨脂、粉葛、女贞子、苦丁茶等。其中，重点发展和种植的道地药材有江津、铜梁和荣昌的枳壳，铜梁、合川的使君子，合川的补骨脂、粉葛，綦江的红梅、木瓜等。

## 五、山地道地生产模式的典型案例——石柱黄连

中药材是石柱四大农业支柱产业之一，也是"4＋X"产业的重要组成部分。自 2004 以来，石柱土家族自治县县委、县人民政府将中药材列入全县农业产业发展的支柱，其产业对重庆市乃至西南片区有重要影响。

石柱野生中药资源丰富，有野生中药材品种 800 多种，鱼腥草、银杏、天麻、五倍子、金银花、五味子等野生中药材资源极为丰富，分布在全县 33 个乡（镇、街道）。全县建成了 30 万亩中药材种植基地，规模种植有黄连、佛手、前胡、紫菀、百合、大黄等 10 余个品种，干品产量 5 万吨左右，产值 55 亿元。黄连在石柱的种植历史达 700 多年。1959 年，刊登在《四川医学院学报》上的《黄连史》中写道："峨眉、洪雅野生品种驰名天下，石柱栽培品种品质优良，产量甲全国。"黄连是重庆市唯一获得道地药材认证的品种。

1979 年 4 月，国家医药管理总局授予石柱土家族自治县为"中国黄连之乡"。1987 年，国家工商行政管理总局批准在石柱土家族自治县黄水镇建立第一个黄连专业市场——中国黄连市场。1991 年，农业部在石柱建立优质黄连商品基地；黄连有限公司生产的"神农牌"石柱黄连被评为"中国著名畅销品牌"和"重庆名牌农产品"。2004 年，石柱黄连获得国家地理标志产品保护和中药材 GAP 认证，于 2009 年获第二次认证。2006 年，石柱黄连正式注册了"地理标志产品"商标，国家质量监督检验检疫总局、国家标准化管理委员会正式批准发布 GB/T 20358—2006《地理标志产品石柱黄连》。2010 年，石柱土家族自治县被中国药文化研究会中国

道地药材文化建设工程组织委员会认定为"中国黄连药材产业之乡"。2014年，中国中药协会黄连专业委员会落户石柱，中国第二届黄连峰会在石柱举行，为石柱黄连产业的发展聚集起雄厚的人才优势、资本优势和企业优势；意味着石柱黄连产业迈出从单一中药品种开发向产业集群经济发展的第一步，石柱黄连产业开启了升级发展新阶段。2015年，石柱土家族自治县有16个乡（镇）3万余农户种植黄连，常年在地面积5万亩，是1986年（3万亩）的183倍；产量2500吨，是1986年（700吨）的357倍，占全国产量的60％和全球产量的40％以上，居世界之首。

石柱黄连山地道地生产模式应用体现在以下3个方面。

**1. 优选种质**

黄连种类较多，石柱土家族自治县种植的黄连品种是通过选拔之后再进行推广的。石柱土家族自治县黄连的种质资源丰富，主要分为革大叶、革花叶、革细叶、纸大叶、纸花叶、纸细叶等栽培类型；通过集团选育法发现革大叶和纸花叶产量与其他类型具有显著差异，有效成分含量超过药典标准，适宜在生产中推广。石柱土家族自治县一般家庭种植黄连的历史都在30年以上，并坚持使用传统的种植方法，有价值的经验和技术都流传了下来，为下一代人种植黄连提供了基础。

**2. 独特地理优势**

石柱土家族自治县地处龙河流域，气候温和、雨水充沛、四季分明，具有春早、夏长、秋短、冬迟的特点。此地日照少、气候垂直差异大，年平均温度16℃、极端高温40℃、极端低温−5℃。黄连喜阴、喜寒，石柱黄连适宜栽培地区的海拔一般在900～1800米，如果海拔过高或过低都会影响黄连的生长。黄连种植加工核心区属龙河流域高山高寒地区，海拔多在1500米左右，气候凉爽，雨量充沛，日照时间短，无霜期短。常年平均气温在10℃，最高月平均气温20℃（7月），最低月平均气温只有0.5℃（1月）；全年月平均气温超过7℃的有7个月，超过15℃的只有4个月，年均积温3419℃。石柱黄连生长期日平均气温为5～22℃，营养生长期（4—6月和9—10月）的日平均气温为11～16℃。常年降水量在1200～1800毫米，土壤水分含量保持在35％左右。主产区黄水镇年均降水量1373毫米，最高的7月份降水量为209毫米，最低的1月份降水量仅 22 毫米，月降水量超过 100 毫米的有 7 个月。在这样的高寒地区，气候寒冷、温差较大，符合黄连的生长习性，保证了当地黄连的产量。

**3. 浓厚人文历史**

石柱土家族自治县具有悠久的黄连种植与商贸历史，据可考文献记载，其黄连种植历史最早可追溯到距今 1 200 多年的唐天宝元年（公元742 年）。《元丰九域志》中载："施州上贡黄连十斤，木药子百粒。"北宋时期的地理总志《太平寰宇记》记载："忠州领五县：丰都、临江、垫江、桂溪、南宾，土产苦药子、黄连……时州领五县，唯南宾县（今石柱县）产黄连。"元末明初之始（公元 1360 年），石柱开始了黄连的人工栽培，黄水坝、双河（今枫木乡）一带农户以种黄连养家糊口。明中期，黄连的栽种技术已经日臻完善；明后期，石柱黄水坝场成为黄连集散地，重庆、武汉、江西等地药商纷至沓来；清光绪年间黄连年产量达 1 000 担；民国初期，石柱黄连年产量已达 4 000 担。1934 年，中国银行编纂的《四川省之药材》中有"味连，只有家种，专产石柱"的表述。1959 年，《四川医学院学报》中《黄连史》提到"峨眉、洪雅野生品种驰名天下，石柱栽培品种品质优良，产量甲全国"。通过田野调查，在黄水曹家大梁和东木坪乡大风堡的深山密林里发现多处房屋遗址、连棚迹地和连坑废墟；根据老农祖辈传说和科技人员对连棚迹地复生树木年轮判断，石柱在三四百年前就已经开始采用"搭棚遮阴，挖坑炕连"的黄连生产和加工技术。

"苦产业"孕育了"苦文化"。黄连因种植条件艰苦、生存环境恶劣而孕育了"苦"的理念，又因"苦"的理念而衍生出"苦文化"。勤劳的石柱人民在长期的艰苦条件下养成了吃苦耐劳、不畏艰辛的坚强意志，谦卑、质朴、坚韧、不屈是石柱人的优良品质。"苦文化"是中华民族的传统励志文化，也是东方文化核心价值的要素之一。在中国传统文化中有一个非常根深蒂固的价值观："吃得苦中苦，方为人上人。""同甘共苦，始知人情冷暖；艰苦奋斗，才能苦尽甘来"，追求"苦"的价值是中国文化特质的重要标志。苦为五味之一。春秋时期齐国政治家管仲在《揆度》中说："其在味者，辛、酸、咸、甘、苦也。"《诗·唐风·采苓》有"采苦采苦，首阳之下"，就是描写采"生山田及泽中，得霜恬脆而美"的苦菜情景。在我国悠久的民族传统文化中，味觉的苦早就被赋予了丰富厚重的文化色彩。"苦"在汉语修辞中可作名词、形容词、动词等，有勤劳、磨砺、竭力、恳切、穷困、难受等20余种独特含义。据粗略统计，近代以前我国涉及苦或苦意的诗词就有3 000余首。在古今的诗词歌赋、文学及学术典籍、民间乡土文学中，有众多关于"苦"的文化阐释。我国传统的价值观、伦理观、教育观、哲学观中都蕴含了内涵丰富的"苦文化"印记，这对我国的国家价值、民族精神、国民品格有着长期、广泛而深刻的影响。中华民族千年传承积淀而成的善良、勤劳、敦厚、淳朴、勇敢等优秀品质中，"苦文化"发挥着不可替代的重要作用。改革开放40年来，我国拥有了比以往任何时期更为强烈的民族认同感和文化自信，探究"苦文化"的历史内涵，开发"苦文化"的现代功能，对弘扬优秀传统文化、提升民族品格、振奋民族精神、锤炼民族意志具有重大意义。分析梳理"苦文化"领域研究成果，就文化内涵和社会功能而言，有3层含义值得人们重视：一是"苦"在中国传统文化中的人生、社会的本体意义；二是建立在辩证哲理和心性学基础上的"苦乐观"；三是实现从"苦"到甜、到乐、到成功、到幸福的方法体系。中国历史悠久、人口众多，是一个艰苦奋斗、负重前行的发展中国家，吃"苦"作为优秀的传统文化，是新时代凝心聚力、团结奋进的价值导向，对铸牢中华民族共同体意识，实现"两个一百年"奋斗目标和中华民族伟大复兴中国梦具有重要意义。

## 第四节 山地立体生态模式

### 一、山地立体生态模式的产生

我国地势多山，山地农业的发展和山地农业资源的开发对许多地区的经济增长至关重要。如何充分发挥山地丰富的农业资源潜力，探索有效利用这些资源的开发模式，以迅速改变山区农村的经济落后面貌方面，是一项艰巨的任务。自20世纪80年代初以来，经过十多年的不断探索和实践，人们发现立体农业开发可成为山地农业发展的一条捷径，是充分合理利用山地自然资源的较佳选择。

与平原相比，山地具有独特的空间优势，从下至上形成了气候、土地、植被等垂直差异分布，有时呈现出"一山有四季，十里不同天"的立体景象。可以说，正是山地这种独特的空间优势孕育了山地立体农业的发展。"立体"在这里为生态学的概念，指各个物种在不同生态位上的垂直交叉分布，可以将生态位理解为生物在群落中所占据的空间和所扮演的角色。生态位的大小通过其宽度来衡量，大多数生态系统中存在不同生态位的物种；这些不同生态位的物种相互避免了竞争，同时多条能量流动和物质循环途径的存在有助于维持生态系统的稳定性。

山地立体农业正是根据生态位理论进行生产的一种科学农业模式。该模式通过整体协调、高效无害和良性的循环，充分利用山地自然条件的立体特征，将时间、空间和地形的差异进行多层次的配置，实现不同物种的稳定共存、多种质能的循环转化和高效的生态位利用。山地立体农业受地域和气候条件的影响，使各物种的生态位在垂直空间上错落有序，实现了共生共荣的局面。

重庆山地气候结构决定了山地立体生态模式的产生。重庆气候处于南温带与亚热带的过渡带，属亚热带湿润季风气候。重庆市内各地气温的南北纬向差异不大，但由于地势的高低悬殊，导致垂直差异明显。重庆市内河谷平坝浅丘地区年平均气温为 17.5～19.0 ℃，海拔 400～600 米地区为 16.5～17.5 ℃，海拔 600～800 米地区为 14.5～16.5 ℃，海拔 800～1 000 米地区为 14.0～15.0 ℃，海拔 1 000 米以上的中山地区在 14 ℃以上。重庆市年平均气温 18 ℃左右，年均日照时数 980～1 580 小时。东北部的万州、开州区、云阳、奉节、巫山、巫溪和城口等地为日照相对高值区，年均日照时数 1 300 小时以上；彭水等地为日照相对低值区，年均日照时数不足 1 000 小时。全市日照时数的年际变幅大多在 300～800 小时，日照相对高值区的年际变幅较大，日照相对低值区的年际变幅较小。日照时数的季节分配与太阳辐射的分布相一致，冬暖夏热、无霜期长、雨量充沛、常年降水量 1 000～1 450 毫米；同时，重庆市农业气候资源较为丰富，农业气候条件较为优越，特别是农业立体气候显著，四季宜农，有利于农、林、牧综合发展。

重庆山地土壤结构决定了山地立体生态模式的产生。重庆市在特定的地质、地貌、气候、水文和植被等条件下，发育的土壤类型多样。根据土壤普查，重庆市共有水稻土、紫色土、黄壤、石灰岩土、新积土、黄棕壤、棕壤、山地草甸土8个大类16个亚类37个土属114个土种。水稻土面积16 413万亩，占全市耕地面积的42.8%，占全市土地总面积的13.29%。此类土壤，广泛分布于全市海拔1 500米以下的河谷阶地、丘陵、平坝及溶蚀槽坝内。这类土壤主要分布在水利排灌条件较差、深谷及大坝低洼之处，主要表现是冷、浸、毒。水稻土的酸碱性适中，土层结构良好，水、热、气、肥较为协调；若有水源保证和配套排灌设施，可建成高产稳产农田。紫色土是全市分布面积最广的土类，面积256 905万亩，占土地面积的27.85%；其中，耕地11 817万亩，是旱作农业的主要土壤，分别占总耕地和总旱作土壤的30.8%和53.8%；广泛分布于全市海拔800米以下丘陵、低山、平坝地区。从地理分布上，因广布着紫色沙、泥岩，西北部方山丘陵区的紫色土分布尤为集中。黄壤是全市第一大类土壤。面积299 091万亩，占土地总面积的24.22%；其中，旱耕地6 207万亩，分别占总耕地和总旱耕地的16.2%、28.3%；主要分布于海拔500～1 500米的低、中山及丘陵地带和长江及大支流沿岸的二、三、四、五级阶地上。重庆市黄壤分布区有1/4左右已开辟为耕地，是全市重要的旱粮和经济作物土壤；其余大部分为林地。黄壤是典型的缺磷土壤之一。黄棕壤面积71 865万亩，占土地总面积的58%；其中，耕地面积为54万亩，占黄棕壤面积的75%，占全市耕地面积的14%；属山地垂直土壤带谱的土壤类型，集中分布于海拔1 500～2 100米的中山上，多为林地和牧草地。

　　重庆山地农作物生长特性决定了山地立体生态模式的产生。不同物种的生长特性和生长适宜环境条件不同。①马铃薯。重庆约1/3的耕地分布在海拔800米以上的中高山区，马铃薯是这一区域具有生态优势的作物，也是贫困山区和三峡库区农民不可替代的口粮。马铃薯作为重要的旱作农作物，主要集中于具有生产优势的渝东北及渝东南地区。②小宗粮豆。重庆主要以丘陵和山地为主，地形地势复杂，生态类型多样，立体气候明显，适宜多种小宗粮豆生长。在重庆，小宗粮豆的种植历史悠久，种类多、分布广，多数具有抗旱、耐瘠薄等特点。是一个有比较优势的产业。

③高粱。重庆处于中国大陆与海洋性气候交替地带，市内海拔700米以下的地区光、热、水资源丰富，年均气温在16.5~18℃；大于10℃的天数达220~270天，有效积温达4 500~5 800℃。3—9月降水量850~1 050毫米，日照时数950~1 100小时。充足的光、热、水、土资源适宜高粱生长发育，地产高粱分布广、品质好、商品率高。④油菜。油菜是世界重要的油料作物，中国是油菜的主要发源地，已有数千年的种植历史。因其适应性好、抗逆，不与其他作物争地，又有重要的经济价值和观赏价值，在重庆市农业生产中扮演着重要的角色，是重庆市第一大食用植物油的原料，播种面积约占油料播种面积的80%。油菜适应性较广，在重庆市丘陵、中低山区、河谷平坝等海拔900米以下地区适合种植。

正是重庆这种独特的山地环境和物种特点，造就了山地立体生态模式。

## 二、山地立体生态模式的内涵

在独特的山地条件下，重庆提出了山地立体生态模式；其含义是通过合理开发和利用山地资源，并结合人类的生产技能，实现由丰富的物种、多层次结构、高密度和高效物质循环等要素构建的山地立体生态系统。该模式既充分利用了山地资源，又确保了农作物的高质量和高产量，从而实现了卓越的农业生产效益和经济效益。山地立体生态模式的独特之处在于其因地制宜的原则。通过将山地作为梯田并采取就地取材和立体开发策略，使得不同生态位中的各种生物能够进行资源的合理分配和共享，最大限度地发挥各种时间和空间生态位的组合利用，使各物种都能得到合适的生态位，实现共生共荣。这一模式代表了在山地环境中实现可持续农业生产的前沿理念。

构成山地立体生态模式的生态单元包括物种结构、空间结构和时间结构。

### 1. 物种结构

物种结构是指山地立体生态模式中各种农业生物（植物、动物和微生物）的种类组成及其彼此之间的关系。物种的多样性是山地立体农业的重要特征之一。理想的物种结构应该能充分适应和有效利用模式内的资源。山地立体生态模式形成了合理的物种结构，使得不同物种之间能够相互促进、循环利用，从而建立起一个稳定的、生机勃勃的复合系统。山地立体农业采用了物种结构的复合模式，通过合理利用生物群落共生原理、多层次、多途径的物质和能量利用与转化，建立起了一个能够充分利用自然资源并保持生态稳定的农业生态复合模式。

**2. 空间结构**

空间结构是指山地立体生态模式中各物种在空间上的分布情况，包括位置、密度和搭配方式等，可以分为平面结构和立体结构。平面结构即横向结构，指同一平面上不同物种个体或群体的组成，反映了系统的水平分异特性。立体结构即纵向结构，指不同平面上群体或复合群体的组成，反映了系统的垂直分异特性。山地立体农业的空间结构有助于实现资源的多层次配置，促进物种的稳定共存和质能的循环转化。

**3. 时间结构**

时间结构指在山地立体农业中，合理安排农业生物的生长发育和环境因子的季节性规律。它涉及农作物生长发育周期与环境条件的协调安排。时间结构是山地立体农业高效运营的关键条件之一，有助于提高物种容量、增加种植和养殖层次的有效途径。山地立体农业的时间结构考虑了环境因素的季节性规律及物种生长发育的周期性规律，通过适时、适地地种植来有效利用环境条件，提高整个系统的生产力。

山地立体生态模式具有区域性与能效性、多样性与稳定性两个基本特性。

首先是区域性与能效性。地球上的各个区域由于太阳照射、海拔、海洋和陆地分布、大气环流等因素的差异，呈现出多样化的生物气候类型。这些生物气候条件对各种农业类型，包括立体农业，在实际生产中都具有约束作用。山地立体生态模式充分利用了这种区域性差异和能量分配的特点，以实现高效能源利用为目标，通过合理配置农业生态单元的空间和时间结构，提高能源的利用效率。

其次是多样性与稳定性。在实际农业生产中，当某个物种的群体占主导地位时，群体的多样性会明显降低。这种情况下，生态系统不仅抵抗自然灾害的能力较弱，还无法高效合理利用环境资源；尤其是当大面积出现病虫草害时，会导致严重的经济损失。只有增加物种的多样性，使不同组分分布在相应的生态位上，并实现环境资源的高效利用，才能提高系统的稳定性。

## 三、山地立体生态模式的价值

### 1. 有效提高土地生产能力

我国拥有有限的可用耕地资源，因此提升耕地的生产水平和土地承载能力是当前农业发展的关键问题。山地作为陆地生态系统的重要组成部分，也是生物多样性的富集区和生态系统生产力的高值区。全球仅24%的陆地面积是山地；但它提供了超过80%的淡水资源和大部分能源和矿产资源，还承载了重要的生态系统服务功能。同时，山地也是一个复杂的生态系统，其不稳定性和脆弱性更强于其他复合生态系统。中国作为多山之国，山地占国土面积的33%；其中，广义的山区（包括山地、丘陵和崎岖的高原）占据国土面积的2/3以上，并且约有1/3的人口和1/5的耕地分布在山区。因此，山地立体生态模式在提高土地生产能力方面具有显著优势。

### 2. 解决政府和农村部门的用地与争地矛盾

随着农村小城镇建设和农业产业结构调整的进行，乡镇企业和非农业用地之间，以及种植业内部的粮食用地与畜牧用地之间的争夺变得越来越明显。山地立体生态模式可以最大限度地改善和解决这些突出的矛盾。该模式可以帮助发现山地的价值，基于立体条件布局产业，并结合山地资源的特点，根据适宜种植林木、果树、畜牧和蔬菜的思路，因地制宜，发展农业，建设基地，培育产业，拓展市场，致力于打造生态循环农业，更好地为城乡发展和农民脱贫致富提供服务。

### 3. 促进农业商品化，增加农民收入

山地立体生态模式可以建立高投入、高产出且效益显著的产业，其主要表现在农产品种类的丰富性和经济、社会效益的增加。在全面了解地域特征和天气状况的基础上，通过立体种植，最大限度地发挥人力资源的作用，降低人力资源的损耗。同时，该模式还可以充分利用土地的空间，大幅提高每单位土地的产量，从而增加农户的收入。农民收入的显著提升促

进了农业生产的转型升级。山地立体生态模式致力发展生态循环农业，让市场主体成为挖掘土地潜力、提供就业机会、促进产业高效增长及实现农民增收的有效主体。

## 四、山地立体生态模式的体现

1997年，重庆市改直辖后，人口、总面积、资源等方面发生了较大变化。1999年，全市开展了成为直辖市后的首次农业区划工作。此次区划工作按照"充分开发利用农业自然资源，正确制定不同区域的农业发展方针，因地制宜指导农业生产布局"的思路，在综合平衡各个单项区划和部门区划的基础上，以研究各地的农业地域分异规律及专业化分工特征，找出优势和有利条件，找出问题和矛盾，提出向现代农业发展的方向、路径。因此，重庆市综合农业区划成果不仅具有高度的现状综合性，而且兼有一定的远景性特征。

重庆市地跨平行岭谷、方山丘陵和盆边山地，其自然资源和生态状况极不平衡，农村经济发展差异很大。重庆市农业综合区划的原则：一是农业自然地理环境条件分异（农业生产发展的自然、经济条件基本相似性）；二是社会经济条件和水平分异（农业生产现状特点的相似性）；三是农业发展方向和建设途径分异（农业远景专业化方向的相对一致性）；四是保持一定行政区划的完整性（保持乡镇行政区界的完整性）。根据以上原则，将市内各相邻的有关区（县）加以组合，使组成的各区内部在上述方向具有较多的共同性，各区之间又具有明显的差异性。

重庆市综合农业区划将全市划分为城郊型农业区、三峡移民开发农业区、丘陵农业区和山地林农牧区4个区。

### 1. 城郊型农业区

该区包括渝中区、大渡口区、沙坪坝区、南岸区、九龙坡区、江北区、北碚区全部，以及渝北区、巴南区的大部分或部分乡（镇）；土地面积25 744平方千米，占全市的3%。该区主要是主城建设和城市发展区，土地开发利用程度高，后备资源短缺，城镇、工矿、交通等非农业用的面积相对较高，土地适宜性广；农业以蔬菜生产为主，粮食生产比例小，水果、花卉等有一定规模，奶业、水产发展较快。

**2. 三峡移民开发农业区**

该区包括巫山县、巫溪县、奉节县、云阳县、开州区、万州区、忠县、石柱土家族自治县、丰都县、涪陵区、武隆区、长寿区、渝北区、巴南区等区（县）大部分或部分乡（镇）。区内为北斜低山、向斜丘陵地貌，河谷地带海拔100～400米。土地面积1 271 967平方千米，占全市的15.45%。该区是全市主要的粮食、蔬菜、青菜头及其他经济作物和柑橘产地，也是其他多种水果、生猪、牛、羊、兔、家禽生产基地。

**3. 丘陵农业区**

该区包括潼南区、铜梁区、大足区、荣昌区、双桥区、永川区、合川区、垫江县、梁平区全部，以及璧山区、江津区、綦江区、万盛经济技术开发区、巴南区、南川区、涪陵区、渝北区、长寿区、丰都县、忠县、万州区、开州区、云阳县、奉节县的大部分或部分乡（镇）。区内属方山丘陵和平行岭谷地带，地貌多样，低山、丘陵、谷地交错，间有丘间平坝。土地面积29 278.26平方千米，占全市的35.56%。该区水、热条件好，湿度适宜，耕地土壤相对较肥沃，是全市主要商品粮油、优质肉猪、蚕茧、茶叶、水禽生产基地；盛产柑橘、柚、桃、梨等水果，如奉节脐橙、梁平柚等。

**4. 山地林农牧区**

该区包括城口县、黔江区、酉阳县、秀山县、彭水县的全部，以及巫溪县、巫山县、奉节县、开州区、云阳县、万州区、石柱土家族自治县、丰都县、涪陵区、武隆区、南川区、万盛经济技术开发区、江津区、綦江区、永川区的大部分或部分乡（镇）。区内地势巍峨险峻，坡陡谷深，地形成层明显，海拔800～1 200米，最高27 968米；土地面积3 776 643平方千米，占全市的46%。该区立体气候明显，林地、草地广阔，耕地也占相当比重；是油桐、乌桕、生漆、黄牛、山羊、中药材，以及魔芋、木耳、香菇等林、牧、土特产品重要产地。

## 五、山地立体生态模式的典型案例——巫溪

巫溪县地处大巴山东段南麓的重庆、陕西、湖北3个省份结合部，古

为北井、大宁。东汉建安十五年（210 年）设北井县；宋太祖开宝六年（973 年）置大宁监；明洪武九年（1376 年）置大宁县；民国三年（1914 年），因与山西省大宁县同名，遂改名巫溪县。1949 年 12 月 20 日，巫溪县人民政府成立，隶属于西南行政区川东人民行政公署万州区专区。1952 年 9 月 1 日，恢复四川省建制，巫溪县属四川省万县专区。1968 年 6 月，万县专区改称万县地区。1993 年，万县地区改设万州区，实行市管县的行政体制。1997 年 3 月，中央直辖重庆市，万州区改设重庆万州移民开发区，巫溪县随属。2000 年 7 月，巫溪县由重庆市直接管辖。全县总面积 4 030 平方千米，辖 12 个乡、18 个镇、2 个街道办事处、1 个经济开发区。2015 年末，巫溪县有耕地面积 792 万亩，户籍人口 54 388 万人，城镇化率 31.6%；常住人口 391 万人，城镇化率 32.58%。县内水、森林、旅游资源丰富。县境地处亚热带暖湿季风气候区，四季分明，气候温和，日照充足，温湿适度，雨量充沛，从低山到高山呈立体气候分布；河流众多，溪流密布，主要河流有大宁河、柏杨河等 15 条；森林覆盖率 63.6%，是重庆市森林资源第一大县、全国绿化模范县；地处长江三峡"黄金水道"与大宁河相连接的奉节-巫山-巫溪"金三角"旅游地带，属国家级风景区。

巫溪县山大坡陡，沟壑纵深，良田沃土少。20 世纪 80 年代初的《巫溪县农业区划》中，将全县分为低山河谷粮果经区、中山宽谷粮经林区、中山谷岭谷林粮牧区、中低山峡谷粮经林区、中山峡谷林牧粮区和高山林牧涵养区六大片区。产业以种养业为主。

"山高峡深一线天，九山微水一分田"，这是地处秦巴山区的巫溪县自然环境的真实写照。面对农业规模化发展"先天不足"难题，当地立足自然资源特点，开出"发展立体农业"的解决良方，从空间维度梯次发展"小规模"特色农业产业。

### 1. 海拔在 1 200 米以上高山片区

对于海拔在 1 200 米以上高山片区，巫溪县在巩固独活、贝母、党参、巫溪洋芋等传统优势产业的同时，大力发展绿茶、老鹰茶等长效产业，部分地区还因地制宜发展山羊、牛等草食牲畜及冷水鱼产业。其中，巫溪洋芋和巫溪独活最为典型。

148

巫溪县典型的山区立体气候、独特的土质地貌、特殊的光照、适宜的温湿度，培育了巫溪洋芋的优良品质。土壤和气温直接影响巫溪洋芋的产品品质；为确保巫溪洋芋的品质，应选择海拔在 1 200 米以上，且抗蚀力较强、保水保肥性好、速效钾含量高的黄壤和紫色土。

巫溪县地属亚热带暖湿季风气候，立体气候明显，气候温和，四季分明，光照充足，雨量充沛；海拔 1 400 米以上区域气候冷凉、光照充足，年均降水量 1 200 毫米以上，年平均气温 10～20 ℃，平均湿度 70% 以上。独特的立体气候、充足的光照、较大的昼夜温差是形成巫溪独活的独特外观和内在品质的主要因素。

**2. 海拔在 600～1 200 米的中山片区**

对于海拔在 600～1 200 米的中山片区，巫溪县重点发展木本中药材产业和以青脆李为主的水果产业，打造 2 万余亩中药材示范基地、青脆李示范基地。巫溪县素有"天然药海"之称，是全国中药材生产重点县、"绿色中药出口基地县"。早年曾获"全国药材生产红旗县"称号。"大宁党参"自清代始便以"质地特优"盛名远扬，销往香港、东南亚等地。《重庆中草药资源名录》记载巫溪县境内有药用价值的地产中药材 2 932 种，占重庆市药用动物、植物总数（5 832 种）的 50.2%，在中药材品种数量上居重庆市之首。太白贝母、大宁党参、北岸连、款冬花、肉独活、厚朴、黄檗、华细辛等 20 余种道地药材质量上乘，远销海外，开发潜力巨大。

**3. 海拔在 600 米以下的低山河谷区**

对于海拔在 600 米以下的低山河谷区，巫溪县大力推广种植柑橘、花椒等，并优化提升产业基地和示范基地。截至 2024 年，巫溪县累计发展特色种植面积 40 万亩。同时，巫溪地形以山地为主，属于典型的中深切割中山地形，境内山大坡陡，立体地貌明显，最低海拔 139.4 米、最高海拔 2 796.8 米；地处亚热带暖湿季风气候区，四季分明，气候温和，雨量充沛，日照充足，温湿适度，年平均气温 14～18 ℃，无霜期长，立体气候颇具特色。特殊的地理和气候条件共同作用，使巫溪拥有突出的野生洋鱼资源优势，同时为巫溪洋鱼生长繁殖及人工开发提供了气候条件。

# 第四章

## 重庆"三本"农业实践案例 04

### 第一节 荣昌猪

#### 一、荣昌猪的生产

重庆市荣昌区又被称为"生猪科技之城"。荣昌区的地方猪品种"荣昌猪"为世界八大品种、中国 3 个地方优良猪种之一。荣昌区为荣昌猪发祥地、主产区。历经多年的发展,荣昌区生猪产业以荣昌猪为主线,逐渐形成一条相对完整的链条、融合度更深、科技含量更高、特色鲜明的产业集群。

荣昌猪在种质资源上具有完备的良种繁育体系。荣昌区建立了"保种场→保护区→基因库"三级保护体系,包含全国荣昌猪核心育种场、全国重点区域级畜禽基因库,以及国家、市、区级荣昌猪保种场、保护区;现有荣昌基础母猪 9 467 头、种公猪 116 头。与此同时,荣昌猪新品系的选育也在进行之中,这为荣昌猪的高效、高质量生产提供了保障。

荣昌猪在生产上具有良好的规模养殖体系。依托荣昌猪产业集群项目,建成了 2 400 头荣昌猪扩繁场、年出栏 2.5 万头;在建的 4 800 头荣昌种猪稳产保供基地、500头荣昌种猪成渝合作养殖示范场等荣昌猪标准化养殖场，大量运用智能环境控制、AI视频系统、巡检机器人等数字技术，荣昌猪规模养殖和智慧养殖水平大幅提升。荣昌区鼓励扶持龙头企业以"公司加养殖场（家庭农场）"的模式拓展荣昌生猪生产，建立起"公司＋合作社＋农户"的荣昌猪产业联盟，推行以"一起养猪，一起发家，一起开店，一起创业"为主题的"两联两共"联农带农模式，建立稳定的利益联结机制。同时，加强对养殖户技术指导，提升养殖技术水平；积极支持荣昌生猪产业数字化转型升级，依托国家生猪大数据中心，研发完成了荣昌猪产业数字化综合服务管理平台、荣昌猪产业监测预警平台。

## 二、荣昌猪的加工

在保证产出高质量的生猪后，重庆市同样配备了完善的加工配套体系。在国家农牧高新区的基础上，建设了以畜禽屠宰、精深加工、生物医药、饲料加工等产业，以及生猪机械装备生产为主的农牧高新技术产业格局。其中，生猪养殖和深加工是主导产业。荣昌区共有屠宰加工企业5个、饲料加工企业42户、兽药（生物制品）GMP企业14家、农牧智能装备制造企业5家。在荣昌猪产业集群项目的支持下，提高了荣昌猪产业的精深加工水平，拥有午餐肉、烤肠（包含火腿肠）、腌腊制品、小酥肉、饺子、预制菜等8个类别产品。

## 三、荣昌猪的市场营销体系

"荣昌猪"现已被授予国家地理标志证明商标，是全国百强农产品区域公用品牌，已被列入国家生态原产地保护产品名录、国家级资源保护名录。近年来，我国生猪产业发展进入新常态，产业结构调整加快推进，对动物疫病防控提出更高要求。荣昌区坚持高标准带动高品质，建成荣昌猪产业链标准体系，制定出台了涉及荣昌猪的产、宰、加、肉质及其他全产业链地方标准，这是我国第一个地方猪种标准体系。通过实施品牌战略，培育龙头企业，建立质量追溯机制，推进标准化养殖模式，提高产业化水平，实现规模效益，使生猪产业成为农民增收、致富、奔小康的重要途径。与此同时，对荣昌猪驰名商标的保护也开始起步，创建了国家驰名商标"荣昌猪"，加大对荣昌猪品牌的规划和宣传力度。

## 第二节 大足黑山羊

### 一、大足黑山羊的生产

近年来，通过智能化改造，增加视频监控、电子耳标、电子围栏等智能设备，实现了对整个保种场的养殖存栏量、母羊的繁育指标、生长状况等各项指标的智能监测，使保种场种羊配种分娩率和羔羊存活率大大提高。此外，数智化管理监测平台也使得养殖管理效率得到了提高。以前养殖场的工作人员需要整天巡舍，一人最多能管理 200 只黑山羊；现在通过智能化管理，人均饲养量提高到了 3 000 只。如今大足黑山羊已形成饲养、加工、餐饮全产业链发展模式。近年，区政府投入了大量资金，实施大足黑山羊全产业链数字化升级改造；在目前的大足黑山羊智慧养殖系统基础上，开发综合管理平台、大数据平台及交易平台等，加快大足黑山羊产业高质量发展步伐。

### 二、大足黑山羊的加工

近年来，在龙头企业的带领下，大足黑山羊已跳出传统单一养殖模式，向食品加工、餐饮等二三产业延伸；建设年屠宰量 20 万只的屠宰生产线，研发红烧羊肉等熟食产品……

为延伸大足黑山羊产业链条，早在 2019 年，腾达牧业就注册了"嘿山羊说"等 5 个商标；并与西南大学食品科学学院建立合作，于第二年推出 4 个羊肉自热产品，受到市场的好评。未来，腾达牧业准备在两个方向发力：一是通过冷链配送，为冷鲜肉产品上市做准备；二是与西南大学一起攻克羊肉干加工技术，开发羊肉干即食产品。此外，公司将建成具有大足黑山羊冷鲜分割、熟食品加工、冷冻保存等功能的同时，兼具餐饮连锁的"中央工厂"。

### 三、大足黑山羊的销售网络

前些年，瑞丰农业在大足城区开了一家黑山羊专卖店。新鲜的黑山羊在养殖场被宰杀后直送专卖店，配上其农场用有机肥生产的稻米饭、蔬菜及农场自制的豆瓣酱共同销售，打破了山羊行情低迷的困境。这样的养销模式既满足了消费者生态环保的消费需求，也带动了黑山羊销售，帮助建立起一二三产业融合发展的全产业链运营模式。此外，以餐饮实体店为"窗口"，带动黑山羊销售。未来，将借助餐饮店的形式，依托世界文化遗产，大力发展大足黑山羊"观光牧业＋旅游体验＋特产销售＋餐饮"。同时，注重文旅结合，打造大足黑山羊 IP 形象、文创产品等，建立以大足黑山羊传统养殖系统为核心的羊文化展示中心，提升大足黑山羊的综合经济效益。

## 第三节　丰都肉牛

### 一、丰都肉牛的生产

近年来，丰都县肉牛产业发展卓有成效，建成了国家肉牛产业技术体系综合试验站、全国首个肉牛电子交易结算中心。全县累计培育、引进、扶持肉牛及其关联产业企业 34 家（其中国家、市级龙头企业 5 家）、专业合作组织 31 家、家庭牧场 800 余个；肉牛养殖稳定在 16 万头左右，年肉牛屠宰加工能力 15 万头、牛肉精深加工能力 10 万吨；开发牛肉及附属产品品种 100 余个，发展牛肉特色餐饮店 40 余家；集母牛繁育、生态养殖、精深加工、市场营销、科技研发等于一体的肉牛全产业链日趋完善。同时，成功探索出"红安格斯牛-西门塔尔牛-本地牛"三元杂交、"秦川牛-

日本和牛"二元杂交技术路线，建成肉牛祖代繁育基地 1 个。肉牛综合产值达到 100 亿元，带动全县约 2.3 万户农户（其中建卡贫困户 2 900 余户）参与母牛繁育、肉牛养殖、牧草种植等与肉牛相关的一二三产业；不仅形成了从"一棵草"到"一块肉"的肉牛全产业链，而且实现与肉牛相关联的一二三产业广泛联动、深度融合。

丰都县肉牛养殖可通过物联网、互联网、云计算等建立丰都县肉牛智慧养殖管理系统，将生产、环控、饲喂、保育、分娩等数据进行可视化、数据化、标准化；综合利用信息化手段，以牛只数字档案为基础，围绕肉牛养殖生命周期，实现肉牛全周期的数字化管理，规范养殖生产流程，提升肉牛养殖关键生产指标，节约生产成本，提升生产效能，降低疫病及行业市场变化带来的损失，达到降本、增效的目的。

## 二、丰都肉牛的精深加工

在肉牛屠宰加工方面，丰都县建成工艺领先的牛肉加工厂 3 个，年屠宰加工能力 20 万头，可精细化分割 16 个部位 300 余个品种。建成 2 个牛肉精深加工厂，年精深加工牛肉产品 10 万吨，开发休闲食品、熟食菜品、冷冻调理、西式牛肉 4 大类 100 余种，实现了牛肉中高端产品全覆盖。目前，丰都县除高家镇有肉牛屠宰场、名山街道也可屠宰肉牛以及加工牛肉产品外，还将建设拥有 12 条生产线的进口肉牛精深加工园。该加工园将配套建设深加工厂房及冻库、办公楼、检疫中心、污水处理站等，主要生产牛肉熟食加工产品、西式牛肉产品、休闲牛肉产品、速冻调制产品、牛副产品等。不仅使丰都有了标准化、现代化的牛肉深加工生产基地，还将弥补重庆市草食牲畜产业在深加工方面的短板。

## 三、丰都肉牛的品牌建设

农业产业化国家重点龙头企业重庆恒都农业集团，已成为北京冬奥会、世界军人运动会牛肉指定供应商，以及天猫和京东最大生鲜供应商；

其产品通过了 ISO9001、绿色食品、有机食品等八大认证,获得了中国驰名商标、中国最受消费者喜爱十大品牌、中国十佳牛肉品牌等荣誉。"丰都肉牛"荣获中国驰名商标、国家地理标志证明商标、有机食品认证等品牌认证,进入中国农业品牌目录"2019 年农产品区域公用品牌",已成为丰都继"鬼城"之后的又一张靓丽名片。丰都已成为国家级外贸转型升级基地(牛肉)、国家唯一的出口牛肉质量安全示范区、全国首个商品活畜承接地和试验地、全国首个以肉牛为主导产业的国家农业科技园区。

## 四、销售模式及投资建设有牛丰都数字服务站

太平坝乡借助当地高山纳凉度假胜地,着力打造"肉牛农场＋共享餐厅＋民俗酒店＋土特产超市"的共富农场,创新推出具有太平坝特色的"高山牛肉餐"(坨坨牛肉、刨皮牛肉),把肉牛产业的生产和销售完美融合,让产值提升 1 倍以上。

将所辖原金家坪村杨八岩小学改建成有牛丰都数字服务站暨共富农场,占地面积约 7 000 平方米;通过财政补助资金股权化改革,金家坪村村集体经济入股合作模式运营。有牛丰都数字服务站暨共富农场是"有牛"网旗下线下数字服务站之一,主要为用户提供肉牛及肉牛周边(牧草、饲料、兽药等)交易(线上交易、线下交割)、供应链(金融)、数字牧场(智慧养殖)、区域品牌、有牛指数、产学研中心六大功能服务,更好地整合片区资源;将肉牛产业的上下游资源、养殖技术、大数据等进行整合,形成完整的产业链条,提升传统肉牛行业的交易效率。

有牛丰都数字服务站是由今时云科技有限公司联合丰都国投打造的"有牛"平台线下服务站;作为"有牛"网全国示范基地,未来将从应激调理、高性价比、官方检疫、饲料配方、死亡赔付、出诊服务、巡查指导、会员优惠、肥牛回收、智慧牧场等服务深度赋能,并输出"有牛"积累的产业数据与技术能力,为丰都各养殖企业及农户提高养殖效益。

## 第四节 南 川 鸡

### 一、南川鸡的生产

南川鸡主要分布在大有镇、乾丰乡、东城街道、南城街道、西城街道、南平镇、神童镇、石莲乡、大观镇、兴隆镇、木凉乡、白沙镇、土溪乡、太平场镇、河图乡、水江镇、石墙镇、中桥乡、骑龙乡、铁村乡、鱼泉乡、金山镇、头渡镇、德隆乡、合溪镇、庆元乡、古花乡、鸣玉镇、峰岩乡、冷水关乡、民主乡、石溪乡、福寿乡、三泉镇 34 个乡（镇、街道）；建有大有镇、兴隆镇南川鸡种鸡场 2 个，扩繁场 4 个，存栏种鸡 8 万只。2010 年起，南川区推广"公司（种鸡场）＋基地＋农户"和"511（1 位农户 1 次饲养土鸡 500 只，年饲养 1 000 只）"产业发展模式。南川鸡饲养 6 个月后，部分鸡作商品用；母鸡则以产蛋为主，饲养 2～3 年后淘汰作商品鸡用；户平均年收入 1 万元以上。产品主要销往重庆主城及相邻的四川、贵州等地。

### 二、南川鸡的品牌发展

南川鸡属于独特的遗传资源品种，分为白皮粉脚系和乌皮乌脚系两种，是重庆三大地方优良鸡种之一。该鸡种是在该区适宜的自然环境和人工选育下形成的，饲养历史悠久，具有抗逆性强、耐粗饲、生产性能优良、产品风味独特等优点，是优良的蛋肉兼用型地方鸡种。2006 年，经重庆市畜禽品种审定委员会审定为重庆市地方畜禽品种；2008 年，注册"金福雉"商标；2009 年，"南川鸡"经农业部批准，获国家农产品地理保护标志；2010 年，"南川鸡""南川鸡蛋"注册为地理标志证明商标。目前，该区"南川鸡"年出栏量达到 600 万只，年产值超 3 亿元。区畜牧局畜牧技术推广站站长姚福吉表示，当前"南川鸡"具有较强的市场竞争力，单价是普通饲养鸡一倍；"南川鸡"正在由农户单独销售、部分企业配送，向统一合作进军区外市场转型。

### 三、南川鸡的产业荣誉

"南川鸡"荣获"2012 年最具影响力中国农产品区域公用品牌"称号。2015 年，南川鸡存栏 460 万只、出栏 750 万只，生产鸡蛋 3 812 吨，产值达 3.98 亿元。

## 第五节 梁平肉鸭

### 一、梁平肉鸭的生产

梁平肉鸭是梁平农业经济的重要支柱产业和特色优势产业，已形成了"龙头企业（公司）＋养殖专业合作社＋养殖基地（小区）＋养殖农户"的产业发展模式；同时，形成产加销一体化产业链的肉类品种有当地麻鸭、成都麻鸭、连城白鸭、北京鸭、樱桃谷鸭、澳洲狄高鸭，还有蛋类品种金定鸭、麻鸭、绍鸭。肉鸭产业化经营体系取代了过去以个体散养、产蛋为主的传统模式，促进了梁平肉鸭产业发展。梁平"张鸭子""谢鸭子""文鸭子""胡鸭子""姜鸭子""梁平周皮蛋"和"福德牌咸鸭蛋"等产品销往全国各地，甚至远销日本、美国。

其中，"张鸭子"品牌历经百年、四代传承，从最初的前店后厂作坊式店面发展成集养殖、研发、生产加工、销售服务于一体，一二三产业融合发展的综合性农业企业。重庆真本味食品有限公司的生产基地位于重庆市梁平区双桂街道竹贞路 9 号，占地 44.34 亩，标准厂房 20 000 平方米；以"张鸭子"卤烤鸭为主导产品，有现代化"卤烤鸭"生产线 2 条、鸭副产品生产线 3 条；卤烤鸭生产能力 300 万只/年，鸭副产品生产能力 2 200 吨/年。当前，"张鸭子"品牌旗下拥有国内商标 53 件（其中"张鸭子"商标为中国驰名商标），国外商标 12 件；取得发明专利 2 个、实用新型专利 21 个，出版专著 4 部；建有直营专卖店 160 余家。

## 二、"张鸭子"的加工及营销

"张鸭子"只选用活体重 1 700～2 000 克的鸭子作为原料。同时，要求鸭子的胸骨长硬，饲养期在 135 天以上，胴体重 1 200～1 400 克。在天然香辛料选用方面，梁平"张鸭子"也秉承生态环保、品质优良原则，大多天然香辛料则是直接从原产地采摘打包，不添加防腐剂；同时，还会对天然香辛料生产地进行土壤检测，查看有无农药残留和重金属超标等，充分保证其品质。在继承传统独特工艺基础上，梁平"张鸭子"以西南大学食品科学学院为依托，改良加工工艺，创新生产方式，抓住原料精选、卤制精工、高温灭菌、真空包装等关键流程，不断提高科技健康含量。在西南大学食品科学学院专家指导下，刘昌仁夫妇还大胆探索卤制鸭子工艺，不断提升卤制鸭子的口感和风味；同时，开发出散装产品、精装礼盒鸭、精装礼袋鸭和氮气锁鲜包装等。

加工工艺：①卤制前的原料处理。先将白条鸭进行解冻、清洗，后进行码（淹）制、除水，再进行燎毛、分级等多道工序预处理。②卤制。将处理干净的鸭子放入已在熬制的卤锅中，卤锅中有提前配制好的数十种香辛料，混合一起卤制 3～4 小时。③烘烤。将卤制好的鸭子上架推入全智能的烤箱中，烘烤参数事先已输入电脑，2 小时后烘烤结束。④高温杀菌。将鸭整形装入铝箔袋中，抽真空后进行高温杀菌。⑤产品检验。每批次产品都要按产品数量进行抽样，做微生物等相关项目的检验。⑥产品入库。将批次抽查合格的产品，按标准件装箱入库待发。

## 三、品牌建设

2007 年，"张鸭子"被重庆市人民政府授予"重庆名牌产品"称号；2008 年，"张鸭子"商标被重庆市工商行政管理局认定为"重庆市著名商标"；2009 年，"张鸭子"卤烤鸭通过"重庆名牌农产品"认证；2010 年，"张鸭子'大河张'"被授予"中华老字号"称号；2011 年，"梁平张鸭子传统制作技艺"被录入重庆市市级非物质文化遗产项目名录；2012 年，

"张鸭子"被认定为中国驰名商标，并于2021年通过"巴味渝珍"授权。

## 第六节 奉节脐橙

### 一、奉节脐橙的生产

奉节脐橙基地根据农业农村部无公害柑橘标准生产，推广树开窗、园生草、有机肥、生物药、疏小果、套果袋、杀虫灯、挂树藏8项无公害脐橙标准化生产技术，严格控制施用化肥、禁止使用高毒高残留农药，实行规范的商品化清洗、分选和包装处理。

目前，奉节县已在"一江五河"流域两岸海拔600米以下区域种植脐橙850多万株，建园1万公顷。据统计，奉节县种植脐橙的乡镇有26个，共涉及167个村（社区）；乡镇覆盖率达81.25%，村（社区）覆盖率达42.8%。2018年，经中国质量认证中心多方面评估，奉节脐橙的品牌价值已达182.8亿元；但奉节脐橙产业在发展过程中仍存在品牌意识薄弱、生产技术不先进、种植园基础设施落后等现实问题急需解决。

2020年，奉节开启了全国绿色食品（脐橙）原料标准化生产基地创建工作；2022年，基地通过验收，大大推动奉节脐橙产业的高质量发展。目前，奉节全国绿色食品（脐橙）原料标准化生产基地创建面积24.3万亩，占全县总产业面积的65.7%，区域涉及草堂镇、白帝镇、夔门街道等7个镇街；全县绿色生产经营主体单位60家，绿色产品认证80余个。

### 二、奉节脐橙的经营

奉节县脐橙产业发展中心项目组由奉节的区域自然环境引申到奉节脐橙的人文耕作方式，通过朴素简练的文字描述奉节脐橙的区域优势，打造了奉节脐橙的品牌口号"自然天成，奉节脐橙"。

除了口号所体现的核心价值，项目组还从环境、品质、文化、农人等方面凝练了奉节脐橙的品牌价值支撑。

　　"天橙"——坐拥三峡江景的橙：地处三峡库区腹心，八十里长江横贯全县，极少工业生产活动，保有纯净乐土。

　　"鲜橙"——天然枝头保鲜的橙：悉心科学选育，适宜地生态，枝头天然保鲜、现摘现卖。

　　"诗橙"——听着诗书长大的橙：历朝行政治所，烟火繁荣、诗书鼎盛，悠久历史文脉成就精神养料。

　　"真橙"——农人真心呵护的橙：保留传统山耕方法，巧妙布局果树分布，遵循时令规律，回归淳朴自然。

　　随后，项目组对奉节脐橙的整体形象进行了同步升级（图 4-1）。项目组以品牌口号为核心，通过完整的视觉系统来建立起品牌的一致性，以充分还原奉节脐橙"自然"的区域性特征。千余年的柑橘种植管理经验传承，使得奉节脐橙具有深厚的历史底蕴；因此，在主形象的设计过程中采用了民国时期的版画风格，以"夔门"这一具有较高辨识度的地理环境和脐橙作为主要元素来创意品牌主形象，独特的色彩使得符号在表现历史感的同时兼顾设计美感。

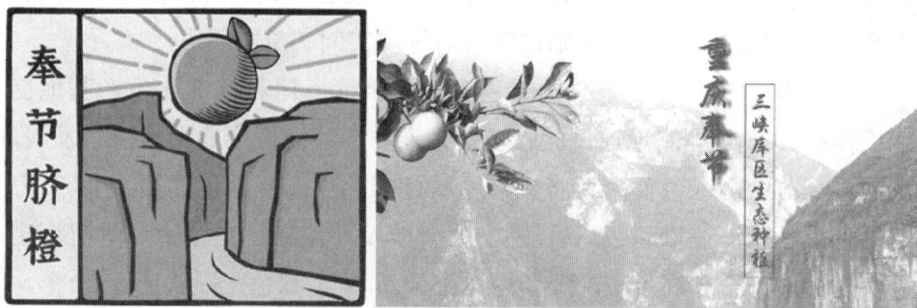

图 4-1　奉节脐橙品牌主形象

　　为了使品牌形象更为生动、在传播中有更强的表现力，同时也为了增加品牌识别性和立体传播价值，项目团队进一步为奉节脐橙量身定制了卡通吉祥物——奉大橙（图 4-2）；将脐橙进行了拟人化处理，表现为一个活泼亲近、又具备一定文学素养的形象；脐橙的叶子被设计成诗人头顶的飘带，意指奉节脐橙吸收了诗歌文化精髓，具有诗人般的气质和深厚的文化内涵（图 4-3）。

| 正面图 | 侧面图 | 背面图 |

| 爱你哟! | 沉思中 | 奋斗 |

| 爱运动 | 看到吃的就开心 | 好害羞 |

图 4-2　奉节脐橙卡通吉祥物——奉大橙

## 三、奉节脐橙的产业

奉节脐橙产业收益占奉节县农业总收入的 20%，是山区海拔 600 米以下低山河谷地带农民经济收入的主要部分。10 个脐橙主产乡镇脐橙收入占全县农业总收入的 67%。全县脐橙产量 50 吨以上的种果大户 50 户，年均收入在 10 万元左右；20 吨以上的大户 300 户，年均收入在 4 万元左右；10 吨以上的 3 000 户，年均收入在 2 万元左右；全县 5 万户果农户平均年收入 4 000 元。同时，带动了营销、运输、包装、饮食等相关产业的发展。

奉节县紧紧围绕"三峡之巅，诗·橙奉节"新名片，将脐橙作为产业扶贫第一产业，在优化布局、规模经营、标准示范、整合投入、金融扶贫等方面同步发力，并通过提高技术含量、开发附加产品、提升品牌价值、助力精品营销等方式延长产业链、提高附加值，通过主体培育、项目持股、资产入股、劳动就业、集体经济、服务创收等路径完善利益联结机制，促进脐橙成为贫困群众的"希望树""摇钱树""致富树"。

规范无公害柑橘标准园建设，依托"花果同树"的奇观和"挂树保鲜"的特质，沿"三线一片"打造朱衣砚瓦、永乐大坝、安坪三沱、康乐铁佛、草堂欧营、铭阳果业等科技博览园、无公害示范园、现代栽培示范园、标准化示范园等"一村一品"橙旅融合示范点16个，共打造4万亩优质果基地；带动、辐射全县6.12万户果农和2 037户贫困户科学种果、促进就业，223户贫困户开办家庭农场和农家乐，户均年增收3万元以上。

坚持把做大、做强、培优生产经营主体作为脐橙产业扶贫的突破口来抓，培育市级龙头企业5家、县级龙头企业38家、脐橙种植专业合作社319家；华润万家、永辉超市等在奉节县建立脐橙直采基地，农超对接企业1 200家。企业带动贫困户5 412户16 236人，人均增收近4 300元。在全国建成奉节脐橙批发专销点、直营店近万家，年销售脐橙突破8.2万吨，其中帮助贫困户年销售脐橙1.6万吨。

## 第七节　涪陵榨菜

### 一、涪陵榨菜的生产

涪陵榨菜是涪陵区的重要支柱产业，通过榨菜将一二三产业连接起来，带动农民增收；第一产业为青菜头种植，第二产业为榨菜加工生产，第三产业为榨菜文化主题的旅游、休闲农业。近年来，涪陵区坚持"科技兴菜"战略，鼓励引导榨菜企业运用高新技术改造提升，以科技为动能，推动涪陵榨菜产业高质量发展。

早在2000年初，涪陵榨菜集团率先从德国引进榨菜全自动生产线，全面推进生产线国产化改造。走进榨菜集团的智能工厂，可以看到来自ERP、MES、APS等应用系统产生的产能、质量、能耗、加工精度和设备状态等数据，与订单、工序、人员进行大数据关联、分析，以实现生产过程的全程追溯与实时监控。

剥皮去筋、自动输送、匹配动力喂料器精密配合；高精度切分机有不同的刀具组合，可以切片、切丁、切丝，满足不同产品的需求。经过拌料、深加工、包装后，一袋袋包装精美、口味鲜香的涪陵榨菜诞生了。涪陵榨菜包装完毕后，工业摄像机实时传输产品在传送带上的位置给机器人，机器人进行抓袋装箱；而后，自动封箱机进行产品封箱，再传送至自动码垛机器人处进行堆垛；最后，传送至立体库进行存储。

整个过程全部智能化、自动化，一气呵成，令人叹为观止。百年榨菜工艺到今天由人工智能实施，让无数榨菜匠人的匠心工艺得以保存，也免去了人工的大量重复动作，极大提高了效率和产能。

尽管榨菜企业对制作工艺进行了智能化升级，很多工序由传统的人工操作变为机械作业，但涪陵榨菜百年传承的"鲜香脆嫩"毫不走味；甚至因为机器的操作标准化和精准作业，把这种记忆中的美味牢牢固定下来，保障了每一袋榨菜的风味。

## 二、涪陵榨菜的经营

重庆市涪陵榨菜集团股份有限公司是一家以榨菜为根本、立足于佐餐开胃菜行业的国有控股食品加工企业。2021年，公司实现利税总额超10亿元，资产规模超30亿元。截至2021年12月末，公司市值为288亿元，是中国酱腌菜行业A股上市公司、农业产业化国家重点龙头企业、重庆市100户重点工业企业，是中国最大的榨菜加工企业。旗下有乌江榨菜、乌江萝卜、乌江泡菜、乌江海带丝、乌江酱油、乌江下饭菜等系列产品，远销欧盟、美国、日本等50多个国家和地区，市场占有率行业第一，品牌知名度行业第一。

重庆市涪陵榨菜集团股份有限公司的"乌江"榨菜，占据全国榨菜市场30％的份额，成为全国销量第一的榨菜品牌。1980年，重庆市涪陵榨菜集团申报的"乌江"牌获得国家商标局批准注册，成为新中国首个涪陵榨菜注册商标；2000年，重庆市涪陵榨菜集团率先在业内提出要靠打造品牌，提高产品价值和竞争力；2008年，重庆市涪陵榨菜集团完成股份制改造；2010年11月，重庆市涪陵榨菜集团登陆中小板，在深交所挂牌上市，成为中国酱腌菜行业唯一一家上市企业。"乌江"牌榨菜在中国品牌500强位列347名，品牌价值100.98亿元（第十届中国品牌价值500强榜单），曾多次荣获国内外荣誉。"乌江"产品先后通过了原产地标记注册、ISO9001：2008国际质量管理体系认证、HACCP和QS认证、美国FDA认证。

乌江的品牌战略主要有3个阶段：借助涪陵榨菜的知名度，塑造"乌江"就是涪陵榨菜的认知；"三榨"工艺，打造精品榨菜，率先品牌升级；从小"乌江"到大"乌江"，布局泡菜等佐味品新品类。

2004年，全国酱腌菜领域还没有全国性的知名品牌，也没有榨菜的工艺标准。"乌江"率先推出"三清三洗三腌三榨"工艺标准；确保一榨还原天然柔韧、二榨浓香入骨入髓、三榨鲜香嫩脆无穷回味。2005年，"乌江"产量达6.45万吨，创历史最高水平，同比增长1.39万吨；其中，创新产品"三榨"销量突破1万吨，利润水平也是老产品的4倍，"乌江"开始成为绝对强势品牌。

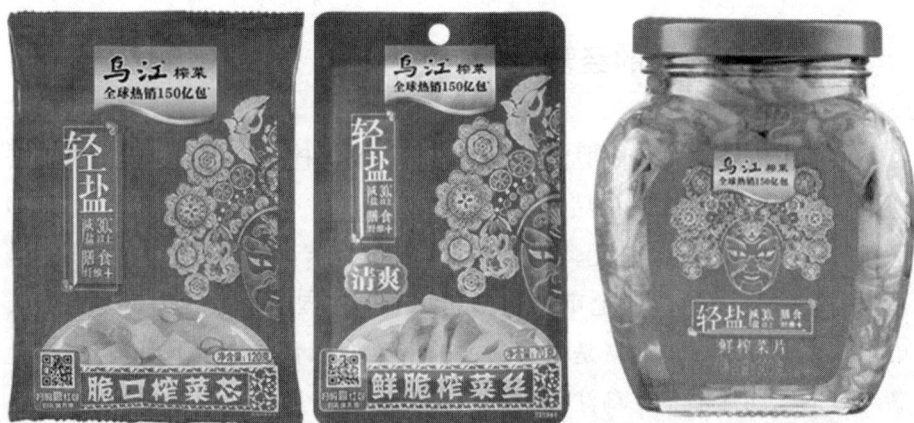

图4-3 "乌江"榨菜产品

## 三、涪陵榨菜的产业

涪陵榨菜是重庆市重点打造的百亿级山地高效特色农业产业链之一，

创造了"青菜头种植面积最大""榨菜产销规模最大""榨菜品牌知名度最高""榨菜产业链条最完整"4个"全国之最",形成"涪陵青菜头、全形榨菜、方便榨菜、出口榨菜"四大系列200多个品类,产品畅销全国,并出口50多个国家和地区。"涪陵榨菜,香飘百年",通过建立"园区牵龙头、龙头带基地、基地联农户"的园区型带动模式,已经形成了以农产品加工为核心的较为完整的产业链条,为延长产业链、提升价值链、拓展贸易链奠定良好基础。

涪陵区立足产业发展优势,直面发展短板,通过国家现代农业产业园、国家农业科技园等国家级园区建设,推动榨菜产业全链条新技术研发、新标准示范、新模式探索。涪陵区按照"大生产+精加工+高科技+深融合+强服务"思路建园,逐步形成了青菜头种子选育、种植加工技术创新、青菜头种植、青菜头加工、榨菜精深加工、副产物开发、产品销售等科工农一体化发展的全产业链,基本建成重庆乃至全国乡村产业兴旺引领区、农业高质量发展示范区、现代技术和装备加速应用集成区、一二三产业融合发展先导区、新型经营主体"双创"孵化区,成为区域经济发展的重要增长极。

涪陵区通过统筹推进榨菜产业智能制造基地项目建设,打造集智能制造工艺、大数据高效管理、和谐生态环境、特色工业旅游于一体智能制造基地,推动涪陵榨菜产业转型升级;为产业规模化、园区化、标准化、品牌化发展,延长产业链、提升价值链、拓展贸易链奠定了良好基础,实现榨菜、泡菜、川调类酱产品融合发展。

## 第八节　巫山脆李

### 一、巫山脆李的生产

按照绿色巫山脆李产品生产要求,建立了集产地环境、安全控制、种苗繁育、生产规程、等级分类、产品包装、仓储物流等产前、产中、产后于一体的绿色巫山脆李产品生产技术规程和标准,形成一套绿色巫山脆李产品标准化生产体系。同时，加大绿色巫山脆李产品标准化推广应用，积极推进农业龙头企业、专业合作社、家庭农场、种植大户按照绿色巫山脆李产品标准组织生产，实现种植标准化、产品等级标准化、产品包装标准化、渠道营销标准化。

近些年，巫山县通过示范基地建设，大力推广巫山脆李果园管理技术，实施品种提纯选优与安全高效生产技术示范，并定期组织示范基地、专业合作社和种植大户开展标准化生产技术培训，达到"做给农民看、教会农民干、引导农民变、帮助农民赚"的效果，并建立了质量安全追溯与监管体系。目前，建成3个脆李苗圃基地，育苗面积达500亩，育苗600万株；其中，母本园及采穗圃60亩。打造特色脆李基地30余个，扶持发展脆李经营企业15家、专业合作社100多家、种植大户300多家。

截至2019年，巫山县脆李发展面积为1.57万公顷，产量8.7万吨，产值8.3亿元，涉及全县23个乡镇220个自然村。其中，4年生以上投产面积为0.42万公顷，占比26.8%；3年生为0.50万公顷，占比31.8%；2年生为0.42万公顷，占比27%；1年生为0.23万公顷，占比14.4%。种植在海拔400米以下的，有0.28万公顷，占比19.4%；海拔400~800米的，有0.95万公顷，占比65.3%；海拔800米以上的，有0.22万公顷，占比15.3%。

## 二、巫山脆李的经营

巫山将巫山脆李定位为优化农业结构、提升农业效益、促进农民致富的农业"1+3"支柱产业之一，进行重点扶持打造。至2017年，种植脆李面积20万亩，重点布局在长江及大宁河沿线中低山海拔乡镇，预计全部进入丰产期后年产脆李30万吨，实现产值60亿元。

### 1. 品牌化打造

稳量提质，稳定脆李种植面积20万亩，加大科学管护和技术推广力度，着重推广脆李疏花疏果及营养管理技术，创建"巫山脆李"标准体系。抓好品相、品质、品味、品牌"四品"提升，围绕企业主体大力推进农业品牌创建，打造区域公用品牌，打造产品品牌，打造企业品牌（图4-4）。

图 4-4 "巫山脆李"品牌形象

### 2. 多元化经营

打造社会化服务体系，采用"公司＋农户""公司＋合作社""公司＋合作社＋农户"等多种形式，实施脆李种植、管理和销售。

### 3. 立体化销售

以市场为导向，建立健全农民与企业之间的"订单"机制、农民与协会之间的"互通"机制、农民与市场之间的"联姻"机制；组建一批有实力的农（林）业发展公司和脆李销售公司，在全国大中城市建立稳定的产品营销网络，加强"农商、农超、农餐对接"。在全国各大城市举办"巫山脆李"推荐会，打造全国知名水果品牌。

### 4. 全业化融合

发展精深加工，引进农业产业化龙头企业，大力发展脆李加工业，开发脆李饮品、果酒、果脯等附加值高的产品，延伸脆李产业链条；结合全域旅游，大力发展以脆李为主的乡村旅游。

## 三、巫山脆李的产业

巫山脆李围绕长远发展，不断健全"产业链"。

一是农旅融合，让种植户就地吃上旅游饭。成功打造巫山"江南百里李花长廊""江北千顷李庄"乡村生态旅游景观2个，每年举办"中国李乡·三峡花海"李花节。2022年，累计吸引游客400万余人次，发展乡村旅游2500余家，带动农户创业和就业2万余人，累计实现乡村旅游综合收入11亿元。

二是商旅融合，实现线上线下双驱动。依托"水陆空铁"综合交通枢纽优势，每年定期举办巫山脆李产销对接会，以及一系列品牌推介会、展览会；先后与京东、阿里巴巴、顺丰、抖音等签订购销战略合作协议，与盒马鲜生、宜品良果等企业合作建立直营店。同时，先后与京东、顺丰速运、中国邮政等合作建成脆李专业销售体系，助推巫山脆李快捷便销；2022年，首次通过"极速鲜专机"走出国门，成功打入新加坡市场。大力扶持县内电商，出台销售奖补政策；2022年，脆李线上销售156.3万单0.39万吨。

三是工旅融合，打造特色旅游伴手礼。引进大型食品生产企业推动脆李深加工，让农副产品就地从"一产"转"二产"，延伸产业链，提升附加值。在建巫山脆李酿酒厂2家，年加工脆李能力8000余吨，年酿酒1000多千升；积极开发脆李饮品、李干、果脯等附加值高的产品，将科研成果转换成商品。

# 第九节　江津花椒

## 一、江津花椒的生产

江津是"中国花椒之乡"。近年来，江津区从良种繁育、科学种植、精深加工、品牌文化、线下线上销售等方面发力，构建了花椒全产业链条体系。在花椒管护工作中，江津区全面加强技术标准制定、技术培训推广等方面工作，严格按照"三品一标"组织生产，先后印发《江津绿色花椒生产种植管理技术要点》《江津花椒欧盟标准生产种植管理技术要点》等花椒生产管理技术要点；全面加强对江津区广大椒农的技术指导，推行规范化、标准化、科技化种植，有效提升了花椒品质，推动了花椒产业高质量发展。

在提升花椒品质上，江津区大力开展有机肥替代化肥、农药化肥减量施用等试验示范；加大花椒基地基础设施建设投入，提升基地现代化生产管理水平，增强抗御自然灾害的能力；开展花椒病虫害统防统治，推广全程社会化服务，降低生产成本，提升花椒品质和效益。

2007年，江津花椒种植规模达到50万亩，占重庆市花椒种植面积80.7万亩的62%；分别比陕西韩城24万亩、山东莱芜15万亩高出1.08倍和2.33倍，成为中国最大的青花椒基地。

2011年，江津花椒鲜椒产量达15万吨、销售收入12.3亿元，相当于江津区域财政收入之总和，位居中国三大花椒基地（重庆江津、陕西韩城、山东莱芜）之首。同时，江津九叶青花椒也列中国四大花椒品种（江津九叶青、汉源贡椒、韩城大红袍、云南大红袍）之冠，并且以每年6667公顷的速度增加。

2022年，江津区花椒种植面积达53万亩，占全国青花椒种植面积的5%；鲜花椒产量36万吨，占全国青花椒产量的15%～20%；椒农28万户62万人，实现劳务年收入2.8亿元。

## 二、江津花椒的经营

江津区农业农村委员会培育了100多名九叶青花椒专家、技术人员。他们定期走村串户，深入田间地头，强化技术指导，推行规范化栽培的科学种植新技术，培育了数万人的九叶青花椒种植户和"土专家"；向云贵川渝的椒农传授九叶青花椒的种植管理新技术，也有力地推动了九叶青花椒品牌产业的发展（图4-5）。同时，也造就了一大批九叶青花椒生产、加工企业和科技人才，其九叶青花椒深加工产品得到不断开发，九叶青花椒项目两次被科技部列入"863"计划。重庆骄王天然产物股份有限公司被科技部命名为"国家星火计划龙头企业技术创新中心"。公司通过了HACCP食品安全体系认证、ISO9001：2008质量管理体系认证、ISO14001：2004环境管理体系认证、ISO22000：2005食品安全管理体系认证。公司已获得6项国家专利，拥有"重庆市重点新产品"6个、"重庆市高新技术产品"6个。"骄王"商标获重庆市著名商标。

图4-5 "江津"花椒品牌打造

为提高贫困户花椒种植技术，江津区建立了产业扶贫指导员制度；从贫困户种植花椒的选苗、备耕、种植到管理，进行全程免费跟踪指导。依托江南职高创建花椒种植培训班，定期对有种植技术需求的贫困户开展培训，确保贫困户掌握先进适用的栽植技术；截至目前已开办培训班超过5次，培训培养贫困户技术骨干200余人。各镇街每年定期举办适用技术培训，由区农业农村委员会派出种植专家现场授课；自2018年以来，已累计培训花椒种植贫困户超2000人次，有效提高了贫困群众科学种植的水平。

## 三、江津花椒的产业

江津花椒产业围绕种植、加工、市场、品牌、科技等环节，不断完善花椒产业体系、生产体系、经营体系；推动农文旅"三融合"，打造百亿级优势特色产业集群，着力推动花椒产业提质升级。江津区、永川区、四

170

川省泸州市签订战略合作协议，不断提升在产业发展、精深加工、产销对接、品牌打造、人才交流等方面的交流合作水平，推动泸永江60万亩花椒产业带建设，携手打造全国领先的花椒育苗基地、西南地区最大的花椒绿色生产基地、西南地区最大花椒加工基地、川南渝西花椒产销中心，培育具有竞争力的区域品牌，合力推动现代农业产业高质量发展。

建立重庆江津花椒交易市场，健全区级市场和乡镇二级市场，并建成了特色农产品交易市场；实现了政府对市场秩序的全程监管，畅通了市场流通渠道，提高了花椒交易价格，有效增加了农民收入。成功召开"2019中国·江津花椒贸洽会"，来自全国各地的100余名行业专家、全国"花椒之乡"代表、花椒客商、餐饮企业代表等齐聚盛会，签订江津花椒购销合同1.2亿元。

2020年，江津区以创建国家现代农业产业园为契机，充分利用现有花椒产业资源与产业结构基础，结合物联网、大数据、5G等现代信息技术，打造了一套具有江津区特色的花椒大数据平台，实现江津区花椒产业产、供、销一体化。

与此同时，江津区还开发了保鲜花椒、微囊花椒粉、鲜花椒油、花椒籽油、花椒精、花椒芳香精油、花椒麻精、花椒调味液、花椒香水、花椒祛痘乳、花椒洗脚液等20多个品种的产品，向医药、工业、保健等领域拓展，极大提高了花椒附加值。

## 第十节　石柱辣椒

### 一、石柱辣椒的生产

石柱土家族自治县"三良法"推动辣椒标准化生产。一是育良种。与重庆市农业科学院合作成立辣椒研究所，自培"石柱红"辣椒良种8个；建立辣椒良种"三级"繁育体系，提纯复壮朝天红、尖椒、圆椒等常规良种，良种自繁自供比例达生产用种95%以上。二是培良苗。全面推广辣椒集中育苗，以辣椒研究中心科技园为基地开展辣椒工厂化育苗，以专业合作社为主体开展辣椒商品化育苗，提高辣椒育苗水平和栽培管理水平。三是推良法。集成编印《石柱红辣椒标准化生产技术手册》，建成万亩现代辣椒产业科技示范园，建立县、乡、村三级标准化技术服务体系。大力推广配方施肥、规格化移栽、病虫害综合防治等实用生产技术，实现平均单产750～1 500千克/亩。

石柱土家族自治县已成为西南地区最大的辣椒种植基地县。2010年，该县23个辣椒生产基地落实辣椒种植30万亩，良种覆盖面达100%，亩平单产提高100千克以上，亩平增收200元以上，实现年产辣椒25万吨、椒农收入3.5亿元，实现辣椒加工与销售产值2亿元。到2016年，石柱辣椒产业实现总产值16.8亿元，制定《无公害辣椒生产技术规程》《辣椒干生产技术规程》等地方标准16个，建成标准化核心示范区8万亩。

## 二、石柱辣椒的经营

石柱辣椒产业发展，依托西南农业大学、重庆市农业科学院的技术支撑，初步实现了良种自繁、自供和品种区域布局，良种普及率95%以上；实行梯级培训办法，建立了县、乡（镇）、村及专业合作社三级科技培训、推广网络；坚持标准化无公害生产，推广地膜覆盖栽培、测土配方施肥、无公害病虫害综合防治等关键技术。

石柱土家族自治县注册了"石柱红"辣椒集体商标（图4-6）和"石柱红"（鲜椒）证明商标。"石柱红"辣椒获得了无公害农产品认证、A级绿色食品认证和农产品地理标志登记，并被认定为重庆市名牌农产品；"石柱红"商标被评为"重庆市著名商标"。石柱辣椒被中国蔬菜流通协会授予"全国十大名椒"称号，产品销往全国31个省份，并出口日本、韩国和新加坡等地；重庆德庄、武汉周黑鸭等知名企业将"石柱红"辣椒作为产品原料。

图4-6 "石柱红"辣椒商标

172

### 三、石柱辣椒的产业

石柱土家族自治县先后被授予"中国调味品原辅料（辣椒）生产基地县""全国农产品加工创业基地""重庆市火锅原辅料生产加工基地"等称号。建成了以天然气为能源的自动热风循环辣椒干制生产线48条，率先在国内实现了辣椒机械化干制加工，年加工能力1万吨以上。引进和培育辣椒加工企业25家，初加工产品有干辣椒、泡椒、辣椒面等，精深加工产品主要有豆瓣、火锅底料、辣椒酱等调味品。将于2025年底投产的金东东农产品开发有限公司生产线可生产更多精深加工产品。

通过探索，石柱土家族自治县建立起了加工辣椒产业发展的"四大机制"，使各方利益得到保障，大大提高了产业抗风险能力。

一是业主建基地机制。按照"谁建基地谁投资、谁服务、谁下订单、谁收购"原则，公开招标选择基地建设业主。业主与乡镇（街道）签订《辣椒基地建设合同》并缴纳履约风险保证金，与农民签订《辣椒种植收购合同》并明确业主产前、产中、产后服务内容。

二是价格统筹机制。辣椒收购期间，职能部门（物价、产业主管部门）搜集全国辣椒市场价格信息；而后，政府职能部门、行业协会根据市场价格信息确定全县辣椒统一收购价格、公布执行，并根据市场价格变化情况及时调整收购价格。同时，当市场价格低于最低保护价时，按最低保护价收购。

三是风险保障机制。将业主缴纳的履约风险保证金专户存储，并按1：1的比例由县财政等额配套资金建立"辣椒产业风险基金"，推广辣椒综合保险，使椒农种植风险大幅下降。

四是市场管理机制。由市场监管部门为考核合格的基地业主颁发辣椒专营（营业）执照，实行辣椒专营管理。县辣椒行业协会制定出台《维护辣椒收购秩序行业管理规定》，进行行业自律管理；县辣椒行业协会和相关职能部门联合组建维护辣椒收购秩序工作机构，查处不按行业管理规定收购和不建基地投机取巧的行为，维护市场秩序。

# 第五章

## 新时代下重庆山地 "三本"农业的创新

05

### 第一节 现代生物技术助力本地品种新振兴

随着我国现代农业的发展，保种培优在农业生产中的作用日益凸显。保种培优是现代农业生产的重要环节之一，其重要性主要体现在以下两个方面：一是保证农作物品种质量和数量。保种的核心目标是保证农作物品种纯度和数量，通过培育高品质品种，提高耐病虫害性能和适应性，提高农作物产量和品质，提升农业生产水平，满足不断增长的市场需求。二是保护遗传资源并促进生态平衡。保种还可以帮助保护遗传资源，防止自然灾害和人类活动对生态系统的破坏，促进生态平衡，支撑可持续农业发展。

根据 Kynetec 数据，2020 年，我国种业市场规模达 552 亿元，过去 5 年年均复合增长率 2.3％，市场规模位居全球第二，仅次于美国。预计到 2025 年市场规模将达 732 亿元，年均复合增长率 5.8％，我国市场增速明显高于世界其他主要农产地区，增长潜力较大。随着现代生物技术的快速发展，山地种业正迎来一次重要的振兴时机。这一行

174

业的复兴将不仅推动农村经济发展，还有助于解决粮食安全和环境可持续发展等重大挑战。我们希望通过现代生物技术助力山地种业振兴，保护山地生态环境，维护生物多样性，为农村社区和全球农业作出更大贡献。

现代生物技术涵盖了多个领域，包括基因工程、分子生物学、细胞生物学等；它们提供了许多强大的工具和方法来培育优良特性品种，降低农业生产对环境的影响，提高农作物营养价值和口感，满足人们对美好生活的需要。未来种业发展与现代生物技术的结合有以下三大趋势，为山地种业的振兴提供了巨大的潜力。

**1. 基因编辑与新品种培育**

现代生物技术的重要组成部分是基因编辑。基因编辑技术的发展，是打好种业翻身仗、带动种业科技自立自强的新引擎；使农业科学家能够精确修改植物和动物的基因，以改善产量、抗病性和适应性。近年来，以CRISPR/Cas9为代表的先进生物技术，通过使用序列特异核酸酶在基因组水平上对靶标基因进行定向、准确修饰，促进了植物基因功能研究和预期农艺性状的选择，在提高作物产量、作物营养产品品质、抗病性等方面取得了显著研究成果。目前，我国对于以CRISPR为代表的基因编辑技术研究非常重视，中美两国在论文和相关专利申请数量上均居世界前列，处于世界领先地位。在山地农业中，这意味着可以开发更多适应高海拔、多雨季节和陡峭地形的新品种。

**2. 抗病虫害与化学农药的减少**

生物技术有助于开发抗病虫害的新品种，并减少对化学农药的依赖。利用基因工程和传统育种方法开发抗病虫害的新品种，不仅降低了农业生产成本，还减少了对环境的负面影响。在全球种子市场中，这一点显得尤为重要。蔬菜种子的市场规模增速最快，并有望到2030年相较于当前市场规模实现100%的增长。近年来，蔬菜种子市场利好发展的源动力主要来自种业公司通过基因编辑等技术增强了蔬菜种子的抗病能力、提高了蔬菜的品质和产量。

**3. 品质与营养价值的提高**

生物技术可以通过蛋白质工程和基因编辑技术，提高农产品的营养价值和质量;通过调整营养成分,如增加谷物中的蛋白质含量,或提高蔬菜的维生素含量,可以提供更加营养丰富的食物,有助于改善人们的健康。随着人口增长,动物蛋白已经无法完全满足人类对蛋白质日益增长的需求和健康化倾向,植物替代蛋白的需求显著增加。根据国际知名咨询管理公司科尔尼管理咨询公司预测,到 2025 年全球肉类消费量将达到 12 000 亿美元,其中植物替代蛋白市场将在肉类市场中占比接近 10%;至 2030 年全球肉类消费量将达到 14 000 亿美元,替代比例将接近 20%,潜在市场空间巨大。植物蛋白质的需求增长将直接带动大豆等高蛋白作物种子的市场空间,且基因编辑等农业生物技术也可应用于研发蛋白质含量更高的种子品种,从而进一步促进种子产业的发展。

当前,我国数字种业正面临前所未有的发展机遇。一方面是国家相关政策的逐步完善。2021 年,中央 1 号文件提出要"打好种业翻身仗""建立健全商业化育种体系"。2021 年 7 月,《种业振兴行动方案》被审议通过,明确了分物种、分阶段的具体目标任务,提出了实施种质资源保护利用、创新攻关、企业扶优、基地提升、市场净化五大行动。2022 年 3 月,新修订的《中华人民共和国种子法》开始施行。国家层面为数字种业发展提供了一系列的政策引导和支持。

另一方面,现代生物技术在种业领域内已经得到广泛应用。典型案例包括抗虫玉米、黄曲霉病抗性大豆、水稻金黄色假单胞菌抗性、转基因棉花、病毒抗性番茄。其中,转基因抗虫玉米是一种通过基因工程技术培育的作物,包含了一种能够抵抗玉米螟等害虫的特殊基因。这种抗虫玉米减少了对农药的使用,提高了玉米产量,并降低了农民的生产成本。黄曲霉病是大豆的主要病害之一,可以导致产量大幅下降;通过基因工程技术,科学家培育出抗性大豆品种,减少了病害的损失。金黄色假单胞菌是与水稻相关的一种重要病原体,会对水稻产量造成威胁;科学家使用基因工程技术将抗性基因导入水稻,提高了水稻对该病原体的抵抗力。这些例子突显了现代生物技术如何帮助农业解决病虫害、提高抗性、增加产量和改善产品质量等关键问题。

立足区域特色,重庆也在积极打造一批现代山地种业基地平台,积极服务于国家种业振兴行动。国家生猪技术创新中心、长江上游种质创制大科学中心、国家区域性（重庆荣昌）生猪种业创新基地 3 大国家级种业创新平台布局重庆，成为引领重庆市种业创新发展的"火车头"。垫江（水稻）、潼南（油菜）2 个制种大县和北碚（柑橘）、江津（柑橘）、巫溪（马铃薯）、涪陵（榨菜）4 个区域性良繁基地已加入"国家队"。将种子生产基地、种业创新基地、品种测试与特性鉴定基地等 48 家市级种业基地纳入统一管理，成为支撑重庆市种业创新发展的基础保障。

国家生猪技术创新中心，是全国农业领域首个国家级技术创新中心。中心着力于生猪技术领域种质资源创新利用、绿色高效养殖、重大疫病防控三大关键核心技术攻关。在种质资源创新利用方面，将利用荣昌猪等中国优质地方猪种质资源，培育符合中国消费需求与现代化养殖的新品种，并开发医学领域所需的试验动物。长江上游种质创制大科学中心选址西部科学城（重庆）金凤大健康产业园，依托西南大学农业科技和资源优势建设，联合中国科学院、中国农业科学院等相关机构和高校研究团队，在现代农业、组学大数据、生物技术等关键领域，瞄准生物种质创新与利用，建设可持续利用的长江上游种质资源库，建设多组学与人工智能生物大数据中心。科学城的种质创制大科学中心所做的是解读生物的本质，通过对某一物种进行基因组测序，再分析、研究，找出跟物种各个性状相关的关键基因，进行规模化筛选与鉴定；而后，通过基因编辑技术培育革命性新品种。同时，所创制出的材料也可为基础研究提供新契机，具有重要科学价值。目前，西部（重庆）科学城种质创制大科学中心已将这把新型"基因剪刀"应用在致病性病原感染广谱防御实验中，帮助家蚕更好地抗病毒，实现少生病甚至不生病。在这座高效运转的种质创制"工厂"，自投入运行以来，不断传出新的科研进展。种质创制大科学中心接下来将立足全市产业实际，陆续引入柑橘、水稻、油菜等物种，通过开展规模化、智能化的种质创制，获得更多新型素材，为重庆现代山地特色高效农业发展贡献力量。未来，西部（重庆）科学城种质创制大科学中心将利用基因编辑技术，为更多动物、植物及微生物的种质创制提供技术支撑，培育高产、优质、抗病的革命性新品种。

## 第二节 "智慧＋金融"赋能本地种法养法新提升

在新一代技术高速发展的背景下，农业将插上智慧与金融的翅膀赋能本地种法养法，迈入智慧农业新阶段；其可持续发展的现代化生产方式在提质增效的同时，减少污染、维护生态平衡与生物多样性。智慧农业是发展集新兴的互联网、移动互联网、云计算和物联网技术为一体的全新农业生产方式，与科学的管理制度相结合，让多种信息技术在农业中实现综合、全面的应用，从而助推农业加速腾飞。金融作为现代经济的核心资源，能够强化经济在农业发展中的支撑地位和引导杠杆作用；除了对信息技术、智能技术研发支持外，各种保险与信贷等金融产品的衍生为农业生产提供了保障。构建适合农业农村发展特点的农村金融体系，可满足智慧农业发展转型的多样化金融需求。美国、英国、澳大利亚、德国、日本等国家围绕智慧农业进行了广泛的布局，分别出台了 NSTC "国家人工智能研发战略计划"、农业 4.0 手册、农业创新 2025、数字农业、社会 5.0 等。2015—2025 年，全球智慧农业市值达到 683 亿美元。中国工程院院士、国家农业信息化工程技术研究中心主任、国家农业智能装备工程技术研究中心首席专家赵春江指出，全球智慧农业发展迅速，主要表现形式为大数据技术在农业全产业链的渗透，智能化装备广泛应用，无人化、少人化发展迅速，信息科技将推动农业生产方式变革。

我国智慧农业的发展虽是一个缓慢的过程，但在很多农业生产场景和环节已经得到了初步的应用。

场景一：智慧种植生产。智慧农业的信息技术与先进设备可以应用于种植生产的播种、灌溉、施肥、收获等各个环节。小麦、玉米、水稻等主要农作物的生产，可以通过物联网环境设备数据的采集、遥感数据的获取，构建年、月、日三级智慧监测体系，实现管理对象数字化与环境监测数字化；为农户提供田间管理信息服务，指导其通过智能排灌系统、智能农机设备实现稻麦大田生产耕、种、管、收全过程科学化管理。例如，北斗精准导航与测控技术应用在播种上，安装到拖拉机、插秧机上，可以让机器走直行、行间衔接好，实现条带清垄精准播种，避免复播、漏播、转行横播交叉等问题。在蔬菜生产中，也可以集成应用国内先进的环控、栽培、灌溉、采摘、运输等智能设备，实现生长环境实时监测、生长过程智慧调控、主导产品智能采摘，做到设施农业无人化、无污染、高清洁、柔性生产。针对果园，我国研发了相应的设备，包括采摘、除草、喷药、开沟、施肥、巡检、升降作业平台等，可实现全程机械化作业，节省劳动力。

场景二：智慧养殖生产。养殖是智慧农业重要的应用场景。例如，动物的体温检测技术可以在线检测，便于发现生病之后温度升高的畜禽并及时进行防治。通过物联网平台实时在线监控场内所有栋舍温度、湿度、二氧化碳浓度、负压、饲料消耗等关键参数，监测动物行为，实时监测并对营养状况、健康状况等进行智慧化管理。动物禽舍有害气体专用传感器还可以减少温室气体排放，符合我国碳达峰、碳中和政策。另外，巡检机器人、防疫消毒机器人可以代替人从事对身体有害的作业。在渔场中，应用鱼菜共生循环养殖系统和循环养殖水体配备检测检疫中心，通过智慧养殖平台、电商交易平台、物联网控制系统等，利用物联网技术赋能现代渔业，推动渔业转型升级。

重庆市通过实施"智慧农业·数字乡村"建设工程和一系列扩大农业农村有效投资金融政策，农业生产领域正加快数智化转型。截至2024年，全市建成市级智慧农业试验示范基地270个。2022年，重庆农业农村信息化发展总体水平达43.3%，位居西部第一。2023年，重庆推出金融助农产融平台，整合28家担保机构力量，与30余家银行金融机构合作，上线8个月就已经获得了12家金融机构共计183亿元的意向支持额度。人民银行重庆营业管理部等6部门联合发布《关于重庆市金融支持全面推进乡村振兴的指导意见》，强化金融支持农业机械化科技化发展。重庆加大对农机装备研发、智慧农业设施、农田宜机化改造、节水与高效灌溉、冷链保鲜等科技创新领域的融资支持，做好农业关键核心技术攻关金融服务；积极对接国家生猪技术创新中心、国家农业科技园区、农业科技创新联盟等平台，促进农业科技创新和成果转化；提升对农业科技现代化先行区县和重点产业科技攻关县的科技创新金融服务水平。

在以丘陵、山地为主，多梯田，气候湿润、雨量充沛，冬暖夏热的自然环境下，重庆通过"智慧＋金融"的力量，因地制宜提档升级本地种法养法。例如，地处北纬30度附近的潼南区，具有偏酸性的土壤和便利的灌溉条件，是种植柠檬的绝佳之地。潼南区柏梓镇柠檬种植基地就形成了集柠檬育苗、种植、精深加工于一体的全产业链条，其高质量发展受益于"智慧＋金融"的赋能。近年来，重庆农商银行携手潼南区政府开展政银协作，深入打造"乡村振兴金融服务示范区"，探索"农业产业＋科技＋金融"的矩阵发展模式；近3年累计投放各项贷款超过137亿元，支持重点项目超过50亿元；其中，支持辖内柠檬产业链主体150余户、贷款金额超过5亿元。其间，不断加强区域柠檬产业"水肥一体化＋物联网"管控、绿色防控等技术集成和有特色的专业柠檬农机机械装备的应用，着力发展智慧农业。种植过程中，还与周边的养猪场建立了合作关系，利用干湿分离处理后的农家肥灌溉柠檬基地，实现了循环发展、绿色发展。

近年来，涪陵区坚持"科技兴菜"战略，围绕"科创＋""绿色＋"双驱发力，以大数据智能化引领榨菜产业创新发展，构建榨菜全产业链大数据指数系统并投入运行，成功培育宜机化青菜头新品种并研发出配套农机设备；2023年，初步实现青菜头耕、种、管、收全程机械化。除此之外，辖区银行为榨菜产业设计推出十余款专属信贷产品和信贷服务方案，包括邮储银行重庆涪陵分行的"榨菜贷"、建设银行的"榨菜贷"、重庆农商行的"涪陵榨菜贷"、哈尔滨银行的"惠农贷"、中银富登村镇银行的"榨菜池抵押贷"及三峡银行的"纯信用授信方案"等。截至2022年一季度末，辖内银行累计对榨菜产业投放贷款3.56亿元。针对榨菜原料青菜头季节性强的特点，邮储银行重庆涪陵分行、农业银行、中国银行等多家机构建立快速审批通道，有效缩短贷款办理时长，将优质金融服务送到田间地头。得益于科技与金融的支持，涪陵区不断壮大榨菜特色产业集群，实现榨菜全产业链高质量发展。

永川区圣水湖现代农业园区里，重庆蕊福农食用菌种植有限公司在农业银行的贷款及中小企业担保公司的贷款支持下成功突破资金瓶颈，不断进行技术创新，成功研发双孢蘑菇培育料层架式栽培；并且实施小麦温水浸泡技术，提高菌种成活率。同时，探索完善了食用菌多品种循环种植技术，以食用菌田间栽培技术，实施了菌-稻、菌-菜、菌-花、菌-果、菌-林的生产循环种植模式，极大提高了生产能力和种植规模。

未来，重庆将持续强化核心技术攻关，持续扩大农业农村有效投资，完善农村金融服务，加强政策协同，加大对乡村振兴重点领域的投入，助推农业生产数字化转型，深化拓展实施农业生产智能化、经营网络化、管理数据化和服务在线化等智慧农业四大行动。近日，市委农业农村委在关于数字农业发展的会议上指出，未来将重点开展丘陵山地智能农机装备、复杂气候地形农业遥感监测、图像识别与动植物生长模型研发等关键技术研究，加强国家数字农业创新分中心、国家数字农业创新应用基地创建，深化拓展"数字农业＋金融＋保险"等融合发展模式，推动农业农村普惠金融发展。深入挖掘本地种法养法，赋予智慧与金融的力量形成产业，助力特色优势农业产业集群式发展。同时，深入开展乡村数字基础设施建设，推进乡村数字人才队伍建设，有效提升服务数字农业发展能力。

## 第三节 "文创＋农旅"融合引领本地吃法新"食尚"

自党的十八大以来，在以习近平同志为核心的党中央的坚强领导下，党和国家事业取得历史性成就、发生历史性变革，推动我国迈上全面建设社会主义现代化国家新征程。人民生活显著改善，健康意识显著增强，消费观念发生积极变化；城乡居民的食品消费方式与结构发生了历史性的变化，多样化、精细化、营养化、生态化已成为新时代食品消费的主流形态。随着经济生产力的发展和人们需求不断升级，经济由以产品为中心的产品经济时代来到以服务为中心的服务经济时代；而未来以消费者体验为核心的体验经济将成为新的趋势，现在已经雏形初见。体验经济是以顾客为核心的，相比于产品经济时代和服务经济时代更多地以商品的使用价值和经济价值为主要对象来满足消费者的需求，体验经济则以消费者本身的情感为主，反映人类的消费行为和消费心理正在进入一种新的高级形态。体验经济时代是产品和服务的有机结合，借产品和服务满足消费者的情感需求和个性需求；体验不仅可以是产品或服务的附加，也可以作为一个独立的价值载体。同时，随着人们生活水平的提高和体验经济的发展，大家对于文化消费的需求越来越强烈。

文创商品以文化为魂，是当地文化的衍生品，也是文化落地实质性的物品。文创商品建立在当地文化基础上，配合当地总体策划的文化脉络，通过商品化的手法提炼、重构，为商品形成一个特质的、不可复制的文化精髓；最终注入商品中，形成特定的主题，使其蕴含当地历史文化、风土人情。对于提炼出来的文化要素，并不是简单的回归与模仿，而是要结合市场需求、现代生活方式、主流价值观等进行再认知、再加工和再创造。通过植入新的认知、新的生活方式、新的导向，使旧文化焕发新活力；采用视觉化、体验化、博览化、功能化、创意化等多种手法，进行文化活化，形成能够被游客感知的体验化产品。购买文创商品成为人们文化消费、体验消费的重要体现形式。在国家政策支持、经济需求和消费需求的背景下，"农业＋文创"的融合已经悄然而至。传统农产品形式简单，满足的是人民大众的基本生活需求。在知识经济与体验经济时代下，传统农产品已经满足不了多样性的消费需求。具有文化创意的农产品，其包装的创意造型满足了消费者的审美需求，蕴含的文化价值还满足了消费需求。因此，将文创和农产品相融合是满足消费需求和推广农业品牌的重要手段。

文化创意与农业的融合，其核心就是要对"农业、农民、农村"文化资源和本土文化特色进行创造，提升产品形象、植入品牌文化和价值理念，生产出具有文化艺术元素的农产品，提升产品附加值。深入挖掘本土文化特色，运用商业化的创意理念来经营，形成长效机制，实现用文化提升农产品的附加值。以中国台湾"掌生谷粒"品牌为例，企业从台湾日常饮食文化中，洞察出消费者对精致饮食文化的需求，以优先保证农民的利益和解决农民后顾之忧为经营理念，将有机大米的种植与道法自然的农耕文化相结合，用具有乡土文化气息的元素做包装，配以有温度的创意文案，激发消费者对台湾米的兴趣；每包米的产地搭配独特的命名与说明，增加了消费者对米的了解与认识，在选择自己喜爱的米的同时体验买米煮米的台湾农业文化。"掌生谷粒"品牌自创立以来，销售节节攀升，于2009年入围数位时代人气卖家100强。因此，产品包装能够满足消费需求，是成功文创包装的关键。盲目地附加文化，引不起消费者的情感共鸣，宛若昙花一现，无法形成消费黏性。

重庆农业生态类型多样、环境独特，历史文化厚重，因此名优特色农产品资源丰富。奉节脐橙、永川秀芽、荣昌猪、江津花椒等知名的重庆农产品都有了一个共同的品牌——"巴味渝珍"。在第十八届中国国际农产品交易会暨第二十届中国西部（重庆）国际农产品交易会上，重庆市农产品区域公用品牌"巴味渝珍"正式发布，这也是全国首个正式面向社会发布的省级层面、全品类农产品区域公用品牌，旨在将重庆本地特色的优质农产品进行集聚打造、品牌推广。重庆古有巴国文明，从商周至战国，延续八百年，"巴"成为重庆的一个重要的文化符号。嘉陵江下游古称渝水，隋朝始设渝州，是重庆简称"渝"的来历，并为今天所沿用。因此，团队以"巴""渝"为区域公用品牌的地域指代，并结合农产品的特征，确立品牌名称为"巴味渝珍"。其品牌宣传语"活得浓墨重彩，吃得淋漓痛快!"意在体现重庆在地理上，大山大水，大开大合；文化上，波澜壮阔，多姿多彩；性格上，耿直火爆，坚韧不屈；饮食上，钟情火锅，滋味浓郁。"巴味渝珍"品牌主形象（图 5-1）从古老的巴渝文化符号"手心纹"中汲取灵感，取"得心应手"之意，隐喻重庆品牌农产品的选择多样性、品质安全性、体验舒适性、消费愉悦性；品牌主形象的下半部分以一片叶子形状的图形，表明品牌的农产品类别属性；上下两个部分通过变形和组合，构成一个"巴"字，体现品牌的区域背书。

图 5-1 "巴味渝珍"品牌主形象

伴随着市场需求层次不断升级，中高端、品质化、多样化产品需求趋于增多，农产品提质的重要性日益显现；要求摒弃原来以农产品生产和销售为立足的农业发展模式，以农产品为原点、以创意为核心，借助文创的力量，实现了农业的文创转型，形成多产业联动的品牌体系，整合提升农业产业的价值。

我国农业种植历史悠久、农产品文化底蕴深厚，丰富的历史文化、产品文化、饮食文化、民俗文化和区域文化都可以为发展文创农产品品牌所用。同时，我国当前农产品市场正在进入品牌消费、品质消费和情感消费的时期，一定要借助文创的力量，挖掘文化创意资源，给农产品穿上一件最合适的外衣。依托山地资源，重庆将文化创意与设计服务有机融入农副产品，通过农创产品展销、新媒体线上宣传等形式，全面提升农副产品附加值；并将继续依托山地自然资源禀赋，进一步挖掘生态和文化资源，坚持创新为魂、文化赋能，聚焦文创和农产品融合发展，着力推动全域农产品迭代升级；通过建设美丽乡村、深挖乡土文化、打造农产品品牌，更好地促进农产品行业持续健康发展。

体验经济下，文化消费的另一种体现形式则是旅游。旅游与美食的关系愈加紧密，不仅出现了以各地美食为主的旅游节目，也出现了因地方特色美食慕名而来的游客们。例如，《舌尖上的中国》就成为不少人的旅游地图。与此同时，赋有地域特色和风土人情的美食成为越来越多游客选择带回的旅游纪念品，如重庆火锅底料、云南鲜花饼、台湾凤梨酥、金华火腿等。随着消费经济发展，人们对于饮食的要求不再限于填饱肚子，更希望品尝游览地的风味小吃、特色佳肴、名特产品，从而深入了解当地风俗习惯、历史文化和风土人情。饮食与旅游的结合，是深入体验地域文化的不二选择；例如，东北铁锅炖、北京烤鸭、重庆火锅、海南椰子鸡这些与当地人文紧密相连的饮食，随着旅游业的发展而推广到了全国各地。我国是一个拥有悠久农耕文明的国家，在广袤的国土上遍布着众多形态各异、各具风情、历史悠久的传统村落。"每座古村落都是一部厚重的书"，袅袅炊烟绵延上千年，体验其中的历史文化和人文氛围正是当前人们追崇文化旅游、乡土情怀、回归自然所需的。同时，在农村的田野、山水间产出了各具特色的农产品，在当地文化影响下诞生不同的吃法，均吸引着游客前往。因此，"农业＋旅游"融合形成的"以农促旅、以旅兴农"发展模式有效促进了文化传承与经济发展。农旅融合是农业农村发展的大势所趋，也是城市消费需求的热点所在。通过发展培育生态旅游、乡村游、休闲游、农业体验游等农旅融合产业，开发农业农村生态和乡村民俗文化，促进农业产业链延伸、价值链提升、增收链拓宽，可以带动农民增收、农村发展、农业升级，从而很好地解决"三农"问题。

重庆巴渝文化之下，旅游资源丰富，具有开发农旅的自然和人文基础。重庆是当今热门的旅游城市之一，每年吸引大量游客前来，具有重庆特色的火锅、茶、烟熏腊肉等得到迅速传播并不断升级改良。作为古重庆城门之一的洪崖洞形成了"一态、三绝、四街、八景"的经营形态，可望吊脚群楼观洪崖滴翠，逛山城老街赏巴渝文化，烫山城火锅看两江汇流，充分感受火锅的麻辣和重庆人豪爽耿直的性格。重庆白象山茶园，地处中国名茶生产带上，孕育在云雾缭绕的群山环抱之中，可以在此采茶、炒茶、品茶，学习宋代时期的重庆点茶技艺、制作茶饮。茶园内部是禅学美学风格、清净优雅，更是重庆慢生活的体现。川陕苏区城口纪念馆是展示重庆城口县老区文化的苏维埃政权纪念公园，游客在此感受红色文化、缅怀革命先烈的同时，还可以品尝城口老腊肉这一特色美食。而且，随着旅游业的发展，抓住人们为文化、体验消费的新特点，借以情感营销，可以很好地将文创、农旅与本地吃法结合起来，彼此促进，共同引领本地吃法新"食尚"。入选联合国世界旅游组织"最佳旅游乡村"名单的荆竹村位于武隆仙女山山腰，主打喀斯特自然景观。该地貌不利于农业发展，土壤留不住水，但也因地貌特有的怪石和翠绿的群山形成独有的风景；保留原始风光打造的"归原小镇"文旅项目，吸引大批游客前往。而荆竹村也趁机发展高山水果，注入非遗文化，打造"寻梦园"这一品牌，建成山地特色果蔬采摘基地，形成采摘、观光、休闲、科教于一体的现代休闲农业。此外，江津米花糖、涪陵榨菜、奉节脐橙这些重庆本土品牌也不断升级，与当地的农旅融合，共同促进本地吃法的传播与现代休闲农业的发展。

山地"三本"农业的发展探索，之于全国极为宝贵。在全面现代化征程中，乡村振兴是一篇"大文章"；在山地农区更是一篇"难文章"，不少地区都急切需要，也努力想要念好"山字经"的"产业篇"。"三本"农业是从历史溯源，选育优良品种，利用种养结合的可持续生产方式。各地的风土人情影响下诞生多样化吃法可满足人们日益增长的对美好生活的需要。深度挖掘"三本"农业不仅是对文化的发扬传承，而且有利于维护生物多样性与生态平衡。山地"三本"农业现代化发展还直接决定着我国农业的战略纵深和多样性安全。无论出于战略布局考虑，还是基于比较优势来看，都应主要靠平原托起粮食和大宗农产品的基本盘；而在山地丘陵地区进一步筑牢粮食和重要农产品保供的基础的同时，丰富农业功能和农产品的多样性，以缓解消费升级带来的"新保供压力"。切换到全球视角，山地"三本"农业现代化发展还直接关系着我国农业的竞争力和在国际农产品贸易中的主动权。试想，若没有山地农业之纵深，我国以有限的耕地保障粮食安全难度极大，特色农产品更是只能主要靠进口；14 亿人所构成的超大规模市场将不再是优势，而成为难以填补的"无底洞"，一果一菜都要受制于人。

由此种种观之，山地"三本"农业现代化是一条必须走好的路。

**图书在版编目（CIP）数据**

"三本"农业溯源与产业创新. 重庆山地农业／崔晋波，俞宏军，查茜主编. -- 北京：中国农业出版社，2025. 6. -- ISBN 978 - 7 - 109 - 33005 - 4

Ⅰ. F323

中国国家版本馆 CIP 数据核字第 2025G3Y612 号

"三本"农业溯源与产业创新

**"SANBEN" NONGYE SUYUAN YU CHAYE CHUANGXIN**

中国农业出版社出版

地址：北京市朝阳区麦子店街 18 号楼

邮编：100125

责任编辑：刘 伟 胡烨芳

版式设计：书雅文化 责任校对：吴丽婷

印刷：北京中兴印刷有限公司

版次：2025 年 6 月第 1 版

印次：2025 年 6 月北京第 1 次印刷

发行：新华书店北京发行所

开本：700mm×1000mm 1/16

印张：12.5

字数：192 千字

定价：78.00 元